澤口 学 著
Sawaguchi Manabu

逆転発想による

創造的
リスクマネジメント

同友館

はじめに

　私が，リスクマネジメントの本を執筆しようと決意したのは，旧ソ連で開発された「サボタージュ・アナリシス（Sabotage Analysis）」という非常にユニークなリスクマネジメント手法にめぐり逢えたことがきっかけである。
　この手法の最大の特徴は，"サボタージュ"という言葉が示すように，まずは破壊工作員になったつもりで，最初にリスク（テロなどの不具合や危険）を起こす方法を考えてから，想定したリスクどおりに事が進まないように対策案を講じるという点にある。このような考え方は他のリスクマネジメント手法にはないユニークな発想であり，ある意味，私には衝撃的かつ新鮮でもあった。このような背景から，今回この手法を中心に据えたリスクマネジメントの本を執筆しようと決意したわけである。
　現在の日本社会は，"生活者優先社会"と呼ばれる成熟社会であり，企業に対する社会（生活者）の見る目は年々厳しくなっている。一昔前であれば，高品質でリーズナブルな価格の商品を提供さえすれば，優良企業といわれ，ブランドイメージを高めることができた。しかし現在ではそれほど単純な構造にはなっていない。「環境に配慮しているのか!?」，「顧客や株主等のステークホルダーに対して隠蔽・隠匿行為はないのか!?」，「社会に対する安全管理体制は万全なのか!?」等々が厳しく問われる時代であり，いくら高品質でリーズナブルな商品を提供できても，"社会に対する公正な姿勢を維持"できなければ，どんな大企業でも一瞬にしてブランドイメージが失墜し，最悪の場合，倒産に至るような時代である。

つまり現代企業は,"時代に即したリスク感覚"を磨く必要があり,「昔は大丈夫だったから今も大丈夫だろう……」といった感覚では,リスク状況に直面した際,企業はたじろぎ,一瞬にして最悪な状態に陥ってしまうのである。これは"最近の企業の不祥事連鎖"を見れば明らかであろう。

そこで本書では,「逆転発想によるリスクマネジメント(第2部)」に入っていく前に,基本編として通常のリスクマネジメント(基礎編)を第1部できっちり学習してから無理なく第2部に入っていけるよう配慮している。しかし,すでに通常のリスクマネジメントの基礎を学習している方は,第2部から学習することももちろん可能である。

第1部では,リスクマネジメントの世紀といわれる現代社会の厳しい企業環境を認識し,リスクマネジメントの基本をしっかり学習することが目的である。構成は以下のとおりである。

第1章では,世界の中の日本の位置づけを整理し,日本企業にとってリスクマネジメントは最重要課題の1つであることを学ぶ。

第2章では企業が直面する多様なリスクについて触れてから,多様なリスクもいくつかの観点で分類が可能であることを学習する。

第3,4,5章では,それぞれ,企業経営レベル,職場レベル,ヒューマンレベルとリスクマネジメント活動との関係について理解を深める。とくに,第3章では,ERM(全社的リスクマネジメント)活動体制に関するコンセプトを学び,第4章では代表的な職場のリスクマネジメントケースとして,安全管理の基本を学習する。また第5章では,ヒューマンエラーとリスクマネジメントの関係について理解を深める。すべてのリスクはヒューマンに帰結することを考えると,とくに第5章のヒューマンエラーはリスクマネジメントでも重要な研究テーマの1つである。

第6章以降は，第2部に入り，本書の"メインテーマ"ともいえる「逆転発想によるリスクマネジメント」の理論と，本手法適用によるリスクマネジメント事例から構成される。

　第6章では，逆転発想アプローチの必要性と理論を学習してから，"実際の活動ステップ（9ステップ構成）"を紹介する内容になっている。本章を通して，逆転発想アプローチで"リスク実現のアイデアを創造すること"によって，飛躍的に"リスクに対する感受性をアップ"させ，"時代に即したリスク感覚"を磨くことが，最大の学習ポイントである。

　さらに，第7，8，9章では，実務的な事例紹介の章になっており，それぞれ「現場の安全管理に関するリスクマネジメント事例」，「IT系サービスのリスクマネジメント事例」，「業務オペレーションに関するリスクマネジメント事例」を第6章で学習した9ステップ構成別に紹介している。

　なお，第10章（最終章）では，本手法の有効性を問うアンケート調査の結果と，本手法に基づいたリスクマネジメント研修プログラムを紹介している。

　最後に，本書の出版に当たり積極的に出版企画を推進していただいた同友館の鈴木良二取締役や，本手法の普及支援でお世話になっている（学）産業能率大学の児玉哲東日本事業部長兼TRIZセンター長をはじめ，TRIZセンターのスタッフの皆様にはこの場をかりて深く感謝するものである。

2007年6月

筆者

目　次

■第1部　リスクマネジメント【基礎編】

第1章　リスクマネジメントの基本
1．リスクマネジメントの必要性……………………………………12
　(1)　世界の中の日本　12
　(2)　企業に求められるリスクマネジメント　15

2．企業が直面する多様なリスク……………………………………18
　(1)　最近の事故・不祥事　18
　(2)　リスクマネジメントの必然性　22
　(3)　企業が直面するその他のリスク　26
　(4)　リスクの定義　33
　(5)　リスクの分類　35

第2章　企業経営とリスクマネジメント
1．効率的な企業活動とは……………………………………………40
2．企業活動の効率化から見たリスク………………………………42
3．CSR（企業の社会的責任）活動に貢献する
　リスクマネジメント…………………………………………………45
　(1)　リスクマネジメントとCSR活動　45
　(2)　CSR（企業の社会的責任）活動とは　47
　(3)　CSR活動の根幹をなすコンプライアンス　49

第3章　企業経営レベルのリスクマネジメント活動

1. 組織的なリスク管理体制のすすめ
   ～ERM（Enterprise Risk Management）体制の構築へ …………54
2. 全社的リスク管理（ERM）の意義　……………………………58
3. リスク管理の側面から見たERMと日本版SOX法との関係…60
4. 全社的リスク管理活動（ERM）の真のあり方とは　…………62
5. 全社的リスク管理活動（ERM）とブランドリスク　…………66

第4章　職場レベルのリスクマネジメント活動

1. 職場に必要なリスクマネジメントとは……………………………69
   - (1) リスクマネジメントの4つの形態　69
   - (2) 企業のリスクマネジメントの変遷～4形態の視点　70
   - (3) 効果的なリスクマネジメント活動　71
2. 安全管理にかかわるリスクマネジメント…………………………75
   - (1) 現場の安全管理の現況　75
   - (2) 安全管理の基本　75
   - (3) ヒューマンエラーの防止と安全管理活動のすすめ　76
   - (4) ヒヤリ・ハットと日常点検の徹底　78
   - (5) 失敗学のすすめ　82

第5章　ヒューマンエラーとリスクマネジメント

1. ヒューマンエラーとは………………………………………………85
   - (1) ヒューマンエラーの定義　86
   - (2) 環境（組織の発展）とヒューマンエラーの関係　87
   - (3) ヒューマンエラーの仕組み　89
   - (4) ヒューマンエラーの種類　91

2．ヒューマンエラーに結びつきやすい意思決定思考……………93
3．リスクに対してロバスト（頑強）なヒューマン像を
　　目指して………………………………………………………95
4．リスク評価に対峙した際の"ヒューマン"の心理状態とは…99

■第2部　逆転発想による創造的リスクマネジメント【実践編】

第6章　逆転発想アプローチ概論

1．逆転発想アプローチの必要性　………………………………104
　(1)　従来型リスクマネジメント～分析型アプローチ　104
　(2)　分析型アプローチ実行時の留意点　108
　(3)　逆転発想アプローチの特徴　110
2．逆転発想アプローチの生い立ち　……………………………114
　(1)　逆転発想アプローチの原点　114
　(2)　サボタージュ・アナリシスの企業リスクへの適用　115
3．逆転発想アプローチの活動ステップ　………………………116
4．逆転発想アプローチによるリスクマネジメントの進め方　…118

第7章　逆転発想アプローチによるリスクマネジメント【ケース1】

1．ケーススタディ「高架橋新設工事におけるリスク
　マネジメント」………………………………………………121
2．"逆転発想アプローチ"の分析段階　…………………………122
　(1)　STEP 1：対象システムの設定　122

(2)　STEP 2：リスク（不具合）状況の整理　125

　　　(3)　STEP 3：有害機能の体系化　127

　　　(4)　STEP 4：リスクネックゾーンの把握　130

　3．"逆転発想アプローチ"の創造段階 ……………………133

　　　(1)　STEP 5：リスク発生アイデアの発想　133

　　　(2)　STEP 6：リスク発生リソースの把握　139

　4．"逆転発想アプローチ"の対策段階 ……………………144

　　　(1)　STEP 7：リスク発生シナリオの作成　144

　　　(2)　STEP 8：リスク対策案の作成　146

　5．対策案の実行とリスクマネジメント力の向上 …………149

　　　(1)　対策案の実行　149

　　　(2)　リスクマネジメント力の向上　150

第8章　IT系サービスのリスクマネジメント【ケース2】

　1．IT社会と逆転発想アプローチの必要性 ………………151

　　　(1)　企業が直面するIT系リスク　151

　　　(2)　IT系リスクの定義　152

　2．逆転発想アプローチが有効なIT系リスク ……………153

　3．逆転発想アプローチによるIT系サービスのリスク

　　　マネジメント事例 …………………………………………154

　　　(1)　対象システムの設定：STEP 1　154

　　　(2)　リスク（不具合）状況の整理：STEP 2　156

　　　(3)　有害機能の体系化：STEP 3　156

　　　(4)　リスクネックゾーンの把握：STEP 4　158

　　　(5)　リスク発生アイデアの創造：STEP 5　159

　　　(6)　リスク発生リソースの把握：STEP 6　160

　　　　(7) リスク発生シナリオの作成：STEP 7　163

　　　　(8) リスク回避対策案の作成：STEP 8　164

　4．まとめ …………………………………………………………164

第9章　業務オペレーションのリスクマネジメント【ケース3】

　1．業務オペレーションのリスクマネジメントに有効な
　　　逆転発想アプローチ ……………………………………………166

　2．逆転発想アプローチによる業務オペレーションの
　　　リスクマネジメント事例 ………………………………………167

　　　　(1) 対象システムの設定：STEP 1
　　　　　　～Aビル管理会社の自動回転ドアの点検業務～　168

　　　　(2) リスク（不具合）状況の整理：STEP 2　169

　　　　(3) 有害機能の体系化：STEP 3　169

　　　　(4) リスクネックゾーンの把握：STEP 4　171

　　　　(5) リスク発生アイデアの創造：STEP 5　171

　　　　(6) リスク発生リソースの把握：STEP 6　172

　　　　(7) リスク発生シナリオの作成：STEP 7　174

　　　　(8) リスク回避対策案の作成：STEP 8　175

　3．業務オペレーションに関するリスクマネジメント
　　　演習問題　～情報漏えい防止 …………………………………176

第10章　逆転発想アプローチの有効性～アンケート調査を通して

　1．逆転発想アプローチによる創造的リスクマネジメント
　　　に関するアンケート調査結果 …………………………………182

　　　　(1) 回答者の職務内容について　183

　　　　(2) リスク管理（安全管理を含む）において今まで活用

　　　　してきた手法について　183
　　(3)　逆転発想思考によるリスク対策（逆転発想機能分析
　　　　アプローチ）の有効性について　183
　　(4)　逆転発想思考によるリスク対策の施行経験について　184
2．従来の安全管理教育と本手法に基づいた教育の比較 ………185
3．まとめ ……………………………………………………………185

逆転発想による創造的リスクマネジメント

第1部

リスクマネジメント
【基礎編】

第1章 リスクマネジメントの基本

1．リスクマネジメントの必要性

(1) 世界の中の日本

　第2次世界大戦後，日本はわずか10数年で敗戦から立ち直り，昭和30年代から40年代にかけての高度成長期を経て，アジア唯一の先進国（G7の1つ）として世界の中で注目される経済大国になった。今でも世界第2の経済大国として，世界に対して一定の影響力を保っている。この背景には，トヨタやソニーをはじめとした多くの日本企業（主に輸出型製造業）の世界規模での活躍があったことを忘れてはならない。

　つまり，日本企業の世界レベルでの活躍が日本経済のパワーの源になってきたわけである。しかし，バブル景気（おおむね1986年11月から1991年2月までの4年数ヵ月間をさすのが通説）の崩壊以降，日本経済は失われた15年を経験し，その間にBRICs（経済発展が著しいブラジル：Brazil, ロシア：Russia, インド：India, 中国：China の頭文字を合わせた4ヵ国の総称）といわれる新興経済国が著しく発展し，日本経済の大きな脅威になってきている。今後もこの流れは大きくは変わらず，今後半世紀以内に中国は，現在GDP世界No.1の米国

第1章 リスクマネジメントの基本   13

図表1-1 主要国の名目GDP（国内総生産）

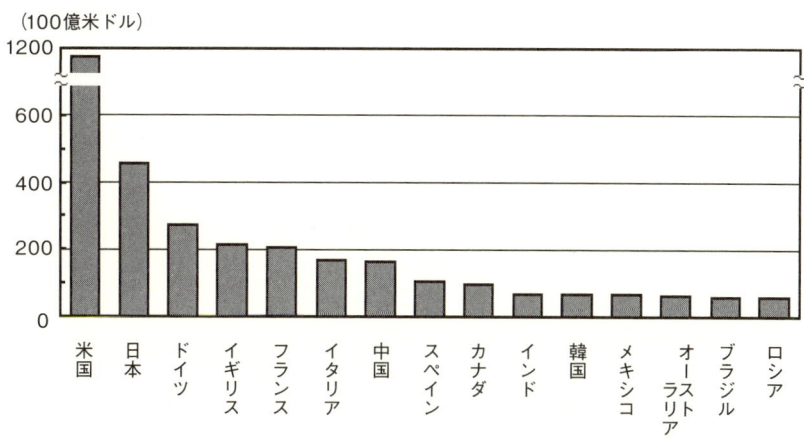

出典：参考文献1)

図表1-2 主要国のGDP実績値と予測値

名目GDP値 （左：2004年の実績値，右：2050年の予測値） （単位：10億ドル）				
順位	国名	GDP値	国名	GDP値
1	アメリカ	11,734	中国	44,453
2	日本	4,588	アメリカ	35,165
3	ドイツ	2,741	インド	27,803
4	イギリス	2,133	日本	6,673
5	フランス	2,047	ブラジル	6,074
6	イタリア	1,678	ロシア	5,870
7	中国	1,649	イギリス	3,782
8	カナダ	992	ドイツ	3,603

実績値に関する出典：参考文献3)，予測値に関する出典：参考文献4)

をも抜くだろう（日本は2017年に抜かれるとの予測）と予測されている。

また，購買力平価^(注1)（2000年基準ベース）換算ベースで国際比較すると，中国のGDPは，2020年までには米国を上回り，世界第1位の経済大国へ駆け上がる可能性が高い（ただし，米国は2050年の時点ではわずかに中国を追い抜き返すことも予想されている）。なお，2050年時点では米国，中国のGDPは日本の7倍以上，インドも日本の3.8倍に達するとも予測されている[2]。

（注1）購買力平価

　通常の為替レートではなく，実際にいくらで買えるのかという点から各通貨の価値を調整したものである。たとえば，米国内で1ドルで購入できるハンバーガーを日本で購入すると150円の場合に，購買力平価は150円と決まる。

　なお，物価倍率は，為替レートが仮に120円とすれば150円÷120円→物価倍率1.2倍となる。つまり，購買力平価÷為替レート＝物価倍率である。ゆえに購買力平価は物価修正係数なので，購買力平価を使えば物価差がなくなることになる。

しかし，ここで過去を振り返ってみるとわかるように，日本企業も決して順風満帆に高度成長期を謳歌してきたわけではなく，数々の危機を乗り越えてきた事実がある。

第1次，第2次の石油危機への対応過程では，省エネルギー技術の研究開発への促進が図られたともいえるし，自動車メーカーはマスキー法（米国で1970年12月に改定された大気汚染防止のための法律の通称）への対応過程で，ホンダがCVCCを開発したのをはじめ，日本では1978年からはマスキー法で定められた基準と同じ規制が実施され，排気ガス規制に対応能力が高い日本自動車のイメージを確立する

ことができた。

　このように，日本企業は過去に数々の危機を乗り越え，危機をチャンスにしてきた実績がある。したがって，今後もBRICsの脅威をビジネスのチャンスと捉えて，今後予測される危機を乗り越えていく努力が求められるだろう。

(2) 企業に求められるリスクマネジメント

　日本はすでに成熟した国家（先進国）であり，日本の高度成長期を支えてきた企業も，基幹産業（主に製造業）を中心に成熟期に入ってきている。

　一方では，IT技術をベースにしたベンチャー企業やジャパニメーションと呼称される日本独自のコンテンツビジネスも台頭してきているので，第3次産業を中心に次世代産業が育ちつつあることも事実である。しかし，社会そのものは成熟しているので，若々しい次世代産業といえども，市場の厳しい評価に耐えられるだけの頑強性（ロバストネス）が備わっていなければならない。しかもその市場は国内だけではなく，BRICsに代表される自由競争下での世界を最初から相手にしなければならない。

　そのためには，高度成長期と同レベルの対応，すなわち愚直にQCD（品質，コスト，納期）で優位性を発揮するだけの戦略ではBRICs対策としては不十分であり，QCDに加えて，E（環境性），S（安全性）においても優位性を発揮する必要性がある。しかしその一方で，これだけの対応では，"先進国の企業"として，世界の顧客から真の信頼を勝ち得るまでには至らないだろう。なぜならば，「先進国の企業，すなわち現在の先進企業は，単に顧客満足度を達成するだけではなく，利益を継続的に確保しながら存続し続け，顧客の住む社会に貢

献し続ける義務がある」からである。

　つまり,「企業にとって第一の責任は存続すること」なのである。これは経営学者として高名なP. F. ドラッカー博士が述べた言葉[5]である。下記に詳細に示す。

> **企業にとって第一の責任は,存続することである。**換言するならば,企業経済学の指導原理は利益の最大化ではない。損失の回避である。したがって企業は,事業に伴うリスクに備えるために,プレミアム(剰余分)を生み出さなければならない。リスクに対するプレミアムの源泉は1つしかない。利益である。

　P. F. ドラッカー博士が述べたこの言葉を,機能分析アプローチ(目的思考アプローチ)で体系化すると,図表1－3のようになる。

図表1－3　企業活動の目的思考

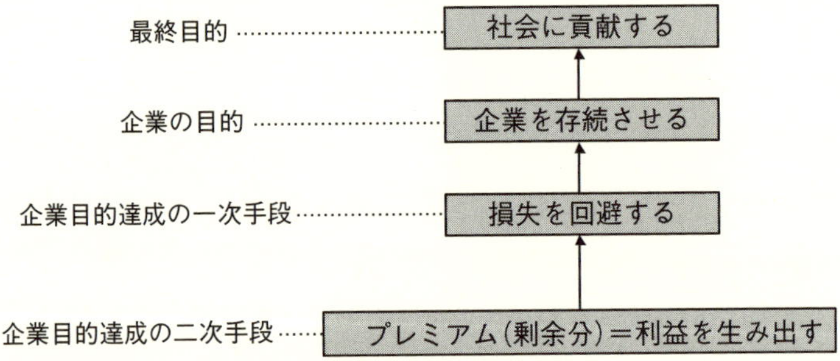

- 最終目的 …………… 社会に貢献する
- 企業の目的 …………… 企業を存続させる
- 企業目的達成の一次手段 …………… 損失を回避する
- 企業目的達成の二次手段 …………… プレミアム(剰余分)＝利益を生み出す

　ドラッカー博士の見解によれば,企業の目的は「企業自体を存続させる」ことであるが,企業目的達成の一次手段は「損失を回避する」ことであり,「利益を生み出す」のはその下の二次手段であることがわかる。したがって,「損失を回避する」という手段こそが企業の存続には最重要手段であり,すなわち「損失の回避＝リスクマネジメント活動」が企業活動の要であることがわかる。また図表1－3でも記

述しているように，企業自体の存続によって，初めて最終目的に進み，社会に貢献できるわけである。

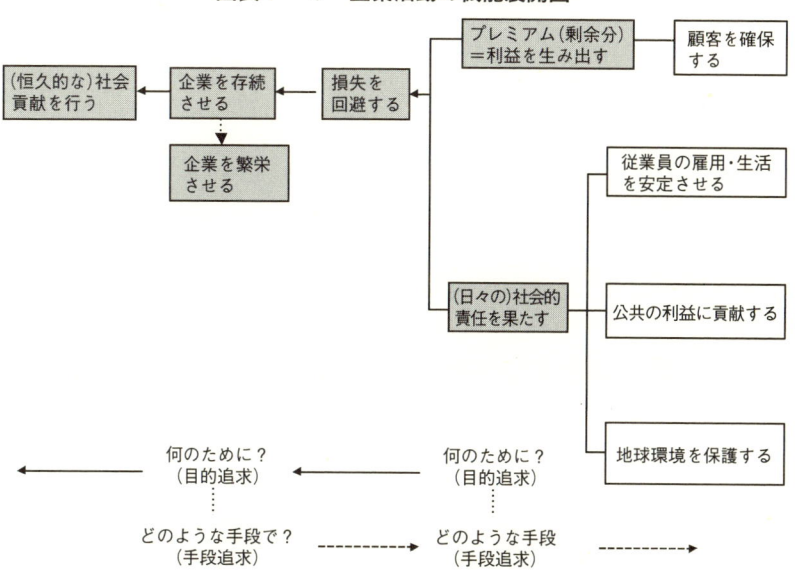

図表1－4　企業活動の機能展開図

　なお，図表1－3を"1つの基準"として，企業活動に要求される機能を機能分析アプローチでより詳細に整理すると，図表1－4に示すようになる。この機能展開図をみればわかるように，損失を回避する手段として，「利益確保」が重要であり，そのための手段として「顧客確保という企業の生業（製品開発や販売活動）」が顕在化しているのがわかる。これは当然の"論理的な手段連鎖"である。

　しかしその一方で，もう1つ忘れてはならない"論理的な手段連鎖"も存在する。それは，損失を回避する手段として，「（日々の）社会的責任を果たす」ことも重要であり，そのための手段として「従業員の雇用・生活の安定化」や「公共の利益に貢献」し，さらに「地球

環境の保護」などが顕在化してくるということである。

　実は"先進国の企業"にとって，世界の顧客から真の信頼を勝ち得るためには，このもう一方の"手段連鎖"を忘れないことが重要である。

　したがって，今後，損失を回避するための「リスクマネジメント」としては，「利益確保」に関わるリスクマネジメントだけでなく，「（日々の）社会的責任を果たす」ためのリスクマネジメントも同時に実施することが重要である。このことをしっかりと現代の先進企業（特に先進国の企業）は肝に銘じておく必要があろう。

2．企業が直面する多様なリスク

(1) 最近の事故・不祥事

　リスクマネジメントを実践していくうえで，他社の事件や事故から教訓を得ることは重要である。ここに最近起こった企業の4つの事故事例（不祥事といったほうが適切かもしれない）を紹介しよう。ここからわれわれは教訓を得る必要がある。

【事例1】
●洋菓子メーカーF社・埼玉工場の期限切れ原材料使用問題

　2006年10月と11月の計8回にわたって，同社埼玉工場でシュークリームを製造する際に，工場内で決めた賞味期限が切れた牛乳を使用していた問題である。

　このことは，同年11月までに社内プロジェクトチームの調査によって判明していたが，F社では「マスコミに知られたら乳製品メーカーY社の起こした"集団食中毒事件"の二の舞になることは避けられな

い」との報告を受けて隠蔽行動を促した。

　この事実は，洋菓子需要の繁忙期であるクリスマス商戦を乗り切った後の2007年1月10日に，内部告発を受けた報道機関の手により公になった。その後，原因は現場の専門家の判断にあったと釈明し，洋菓子の製造販売を一時休止する措置を取ったが，企業倫理に欠ける安全を軽視した姿勢や隠蔽体質に対して，消費者から多くの苦情がF社に殺到するなど批判が噴出した。その後，F社と銀行R社は，Y製パンに対して品質管理などの業務支援を要請し，2月5日，Y製パンから衛生管理などの業務支援を受けることが発表された。しかし，3月23日の洋菓子販売再開が全店舗の5分の1相当の約160店にとどまる一方，直営40店舗の閉鎖決定など本格的な回復にはまだ程遠い状態である。

　　　　　　　　　　　（産経新聞，2007年3月10日の記事より）

【事例2】
●P社製ガス湯沸器死亡事故

　1980年4月から1989年7月にかけ製造した屋内設置型のP社製FE式瞬間湯沸器について，同排気ファンの動作不良を原因とする一酸化炭素中毒事故が，1985年1月より20年間で全国27件（死亡20人・重軽傷者19人※2006年7月18日現在）発生した。

　一連の事故について，P社は当初，事故をごく一部しか把握していないとしたが，実際にはすべての事故は発生直後より本社担当部門が把握し，遅くとも1992年には当時社長であったK会長も報告を受けていた。その後，社内やサービス業者向けに注意を呼びかける措置を取ったものの，消費者に対する告知は一切なされなかった。

　また，事故情報は発生の都度，P社から当時の通産省に口頭で報告

されていたが，同省も一連の事故を関連づける認識はせず，必要な行政処置や消費者に対する告知も行わなかった。さらに，自社および同製品に責任はないとする姿勢を見せていたが，直後に，系列サービス業者による不正改造や製品自体の安全装置劣化を原因とする事故が相次いで判明し，程なく一転してＰ社は謝罪に追い込まれ，Ｋ会長は辞任を表明した。

松下電器産業のFT式石油温風機の欠陥問題の対応と比べると，Ｐ社の対応はあまりにも稚拙であり，消費者軽視という点では，社長発言が問題となったＹ社集団食中毒事件や2004年発覚のＭ社の第２次リコール隠蔽事件などに近いともいえる。事故の影響で，2006年７月現在Ｐ社は国内生産を３割減産であり，従業員の人員削減を予定している。

（オンライン百科事典「ウィキペディア（Wikipedia）」(2007年３月11日)より）

【事例３】
● Ｄ印刷会社の個人情報流出問題

顧客企業からＤ印刷に情報流出の疑いを指摘する問合せが平成16年４月にあったにもかかわらず，４年９ヵ月もの間，元派遣社員のＹ容疑者が，いとも簡単に顧客情報を持ち出していた個人情報流出問題である。

Ｄ印刷の情報セキュリティ委員会によると，電算処理室をカメラで監視し，入退室には生体認証システムを導入していたとのことであるが，監視カメラは「情報持ち出し犯」を特定できなかったうえに，平成17年12月以前には，パソコンの動作記録も保存しておらず，「抜け穴」がかなりあったことが判明している。

現時点（2007年３月13日）で判明している流出件数は計863万7,405

件,43社分の得意先の個人情報であり,個人による不正流出としては過去最大規模と見られている。

なお,流出した個人情報の一部(49人分)が詐欺グループに売却され不正に使用されたケースもあり,得意先の中には,D印刷に対して損害賠償の請求を検討する動きもある。

Y容疑者は退社直前まで得意先企業の顧客データをMOやCD-Rなどに書き込み,バッグに入れて持ち出していたと見られている。この一連の顧客情報流出事件に対して,D印刷のK社長は,「セキュリティ対策を取ったつもりだったが,内部から意図的に持ち出されることへの対策は十分ではなかった」と不備を認めている。しかし,この見解は,同社の"万全の体制"が内部犯を想定しておらず,情報管理の認識が甘かったことを証明しているといわざるを得ない。Y容疑者によるデータ持ち出しの詳細は現時点ではまだ把握されてない模様であり,D印刷への信頼の回復は遠いといわざるを得ない。

(産経新聞,2007年3月13日の記事より)

【事例4】
●H電力臨海事故隠し問題

H電力S原子力発電所1号機で平成11年6月,定期検査中に原子炉の制御棒の3本がずれ,原子炉が一次起動して「臨界状態」になったにもかかわらず,この事実が約8年間(平成19年3月15日になって初めて判明)近くも報告されず放置された事件のことである。H電力が当時,この事故を国に報告しなかったことは,悪質な臨界事故隠しの隠蔽行動と解釈できる。

同社は当該機(1号機)を停止し,総点検などで停止期間は数ヵ月以上になる見通し(2007年3月15日時点)である。本事故は,想定外

の臨界状態が起きたにもかかわらず，原子炉の緊急停止システムが機能しない重大なトラブルであり，作業員の手順ミスとマニュアルの不備が重なって発生している。

この事故は，東海村の核燃料加工会社のJ社の臨界事故（1999年9月で多数の死傷者発生）の3ヵ月前に起こっていたことになり，日本初の臨界事故を隠蔽していたことになる。この隠蔽行動は，他社の原発絡みのトラブル隠しが判明し，原発現場の不正に不信感が高まっている最中に判明したので，業界全体に大きな衝撃を与え，地に落ちた業界の信頼回復は一段と遠のいたのは間違いないだろう。

（産経新聞，2007年3月16日，および日本経済新聞，2007年3月16日の記事より）

(2) リスクマネジメントの必然性

4つの事故からわれわれはどのような教訓を得ることができるだろうか。所属する業界や自身の置かれている立場によって得られる教訓はさまざまだろうが，「これらの事例を他山の石として，自社のリスクマネジメントに活かすこと」が何よりも重要である。

本項では，前項で紹介した事故事例を通して，なぜ現代企業にリスクマネジメントが求められるのか，その理由を改めて考察してみることにしよう。

① 「信用」が与える経営への影響

洋菓子メーカーF社の製品による賞味期限切れ牛乳を使用した事件は，乳製品メーカーY社の起こした食中毒事件の再現であるともいわれた事件である。しかし，Y社とは違い，実際には食中毒自体は起こしていない。にもかかわらず大きな社会的問題に発展したのは，事故の隠蔽行為を行い，まったくY社の食中毒事件から学習しなかったからである。この一連の行為が社会的信用を失うことにつながった

わけである。

確かに，賞味期限切れになっても数日は大丈夫と割り切って，もったいない精神で使用する個人は少なからず存在する。しかし，「社会貢献すべき企業」が，まったく認識していない消費者向けに同様な行為をしたら，これは「公共の利益に反すること」であり，その行為の隠蔽にまで及ぶことは論外であり，まさに犯罪そのものである。

Ｙ社の事件といい，今回のＦ社の事件といい，「最近の社会の厳しい眼差しを認識できない鈍感さ」が導いた事件といえよう。今後は，「社会の厳しい眼差しを機敏に感知する感受性」が求められる。

今後，Ｙ社同様にＦ社も社会的信用を取り戻すのは容易ではなく，回復には多くの試練が待ち受けているだろう。

●**事例から得られる教訓（その１）**●

生活者優先社会が到来した現代社会においては，企業・ブランドへの"信用"がもたらす経営への影響は以前に比べて格段に大きくなっている

---

②　「社会性」が問われる経営への影響

Ｐ社製ガス湯沸器死亡事故は，排気ファンの動作不良による一酸化炭素中毒事故であるが，Ｐ社は当初この事故を一部しか把握していないとしていたが，実際はすべて当初より把握し，当時社長も報告を受けていた。しかしながら消費者には一切告知されず，自社の責任回避を続けたことが大きな問題となって噴出している。しかもこの間，同様の事故が20年に及び繰り返され，多数の死傷者（死亡20人，重軽傷者19人）が出てしまい，非難が集中したあげくにＰ社が謝罪し，会長が辞任に追い込まれるという失態まで演じている。

これは，P社が「企業の都合を優先」させて目先の利益に走り，過去の時代感覚でリスク感覚を変えることなく，危険を伴う製品を作り続けてきたことが問題の根っ子にある。

一方，H電力臨界事故の隠蔽問題は，約8年近くも報告されず放置された事件であるが，J社の臨界事故が起こる3ヵ月前に，"日本初の臨界事故"が実はすでに発生していたというショッキングな事件である。

「～タラ，～レバは厳禁」とはいうものの，もし当時，仮に本事故が迅速に国（現在の経済産業省）に報告されていれば，何らかの形でリスクに対する感受性が喚起され，J社の臨界事故は事前に食い止めることができたのではないだろうか。この事故なども，原子力に対する眼前の批判を避けるために「隠したほうが無難」と考えた可能性が高い。つまり，危険を伴う事実を隠し，事故の総括をしないままに原子力発電のサービスを継続してきたことが本質的な問題であろう。

両事故ともに，企業が目先の利益や非難回避に走り，「企業としての社会性」に配慮を怠ったことが最大の問題である。

●事例から得られる教訓（その2）●
企業への要求水準が高い現代社会においては，製品やサービスの品質はもとより，企業の"社会性"も問われる時代である

---

③ 「風評」による経営への影響

D印刷会社による個人情報流出問題は，歴史ある大手印刷会社が，内部の派遣社員によって，いとも簡単に個人情報が大量（863万人分）に流出し，しかもその一部（49人分）が詐欺グループに売却されたという事件である。これによってD社の社会的信用が大きく揺らいだ

のは間違いないだろう。

　個人情報流出問題は最近多発しており，記憶にあるだけでも「T社のTVショッピングの顧客データ情報漏えい問題」や「ADSLサービスのY社の660万件を超える顧客情報の流出事故」などが記憶に新しい。いずれの場合も事故処理に多額の費用の支出（Y社の場合は約40億円といわれている）を余儀なくされるが，それ以上に深刻なのは，「新興企業に限らず，大手も例外なく個人情報の管理がいいかげんである」という「風評」が広がり，業界全体が揺らぐという事態が懸念されることである。

　事実Y社は，「ADSLのサービス価格は安いが，新興企業のせいか，管理がいいかげん」であるとの「風評被害」に遭い，一時顧客獲得が鈍化したのは確かである。このような現象は「リピュテーション・リスク（Reputation　Risk）」に遭遇した状態といっていいだろう。

●**事例から得られる教訓（その3）**●
ITが発展し情報が激しく流通する現代社会においては，"風評"がもたらす経営への影響は非常に大きくなっている

　4事例の考察から明らかになったように，「信用」「社会性」「風評」などが経営に与える影響（インパクト）は，一昔前に比べて格段に大きなものとなっている。それゆえに，現代社会において，現代企業がリスクマネジメントをしっかりと実践していくことは，企業経営上，必要不可欠な活動になったのである。

(3) 企業が直面するその他のリスク

　企業経営にリスクマネジメントが求められている背景にあるのは，前節で紹介した内容のものだけにとどまらない。その他にも企業内で発生する可能性が高い「重大災害」や「火災・ガス等の漏えい事故」への対処，さらには「自然災害」への適切な対応などもその範疇に入ってくる。

① 重大災害の最近の状況

　労働災害による死亡者数は，昭和36年の6,712人をピークに長期的には減少してきており，平成17年の労働災害による死亡者数は1,514人と8年連続で2,000人を下回るとともに，これまでで最少であった平成16年（1,620人）と比較して106人減少（前年比6.5％減）し，過去最少を更新している。この背景には，過去の労働災害を教訓にして，各社が現場の安全管理教育（これもリスクマネジメントの一分野である）に力を入れてきたことがあるといってもいいだろう。

　しかしながら，依然として年間1,500人以上の犠牲者が出ているこ

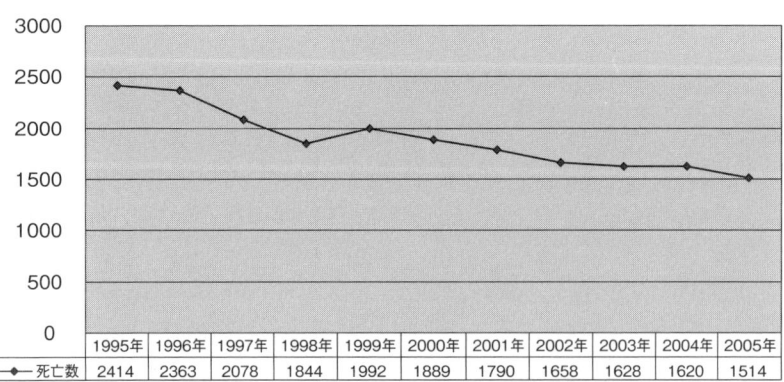

図表1－5　労働災害による死亡者数の推移（全産業）[6]

年間死亡者数

	1995年	1996年	1997年	1998年	1999年	2000年	2001年	2002年	2003年	2004年	2005年
死亡数	2414	2363	2078	1844	1992	1889	1790	1658	1628	1620	1514

出典：厚生労働省「平成17年度における死亡災害・重大災害発生状況の概要」からグラフ化

とも事実であるから、さらなる低減に向けて安全管理教育の徹底は継続する必要がある。

その一方で、平成17年の全産業における重大災害発生状況に目を向けると265件であり、前年度の平成16年（274件）よりは減少しているものの、昭和50年代と同様に高い水準にあり、1990年代後半（1995～1999年）の平均件数（約218件）と比較すると、47件増加（約20％の増加）している。

なお、「重大災害とは、一時に3人以上の労働者が業務上死傷または罹病した労働災害に関するもの」であるから、この2つの事実から総合的に判断すると、現場の安全管理もまだ十分満足のいく効果は出ていないと見るべきだろう。したがって、労働災害の分野でも、「"労働災害ゼロ"を目指して、今まで以上に組織的、かつ効果的なリスクマネジメントを推進していかなければならない」といえよう。

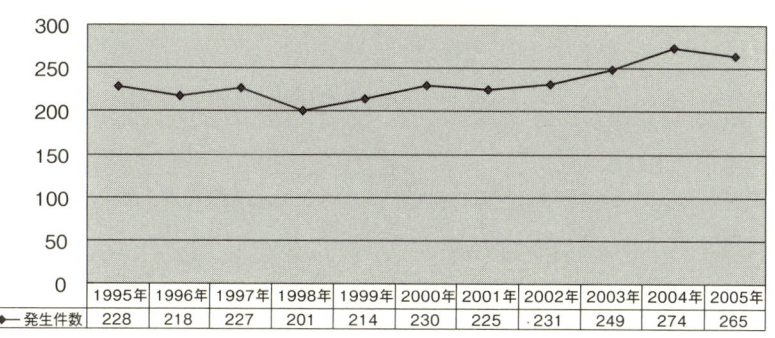

図表1－6　重大労災発生状況の推移（全産業）[6]

出典：厚生労働省「平成17年度における死亡災害・重大災害発生状況の概要」からグラフ化

② 重大労災の背景にあるもの
～国産車のリコール台数の増加が示すこと

　重大災害がなかなか減らない（むしろ最近は増加傾向）原因の1つに，生産性向上のための活動が考えられる。企業は，生産性向上のために業務プロセスの「高度化，自動化（機械化，情報化），外注化」を積極的に行っているが，このような変化の中で予想しえないような「新手のリスク（未知のリスク）」に遭遇しているわけである。このような変化は特定の産業だけに起こっているわけではない。

　ある工作機械メーカーでは，従業員が部品加工や組立て作業の合間にPHSを操作し，各工程の進捗具合や完成品の出荷状況をこまめに入力し，情報は工場のホストコンピュータに送信され，生産部門全体でリアルタイムに情報を共有できる[7]。これによって，需要変動に即応できる生産体制が構築されるわけである。これはまさに機械と情報の自動化に携帯機器を応用した事例である。

　このようなITと絡めた生産活動の効率化事例は他メーカーでも確認することができる。

　たとえば，自動車業界は，生産性向上を図るために，Windows95の普及によって3次元CADの導入が促進され，モジュール設計やコストダウンのためのプラットフォームや部品の共通化といった新しい業務プロセスの導入が推進されている。

　しかし，この時期（1990年代後半）以降，自動車のリコール台数の推移を見ると，急増していることがわかる。このようなリコールの急増は，この新しい業務プロセスの中に潜むリスクの芽に気づかなかった結果であるとも識者からは指摘されている。

図表1－7　国産車のリコール対象台数の推移[8]

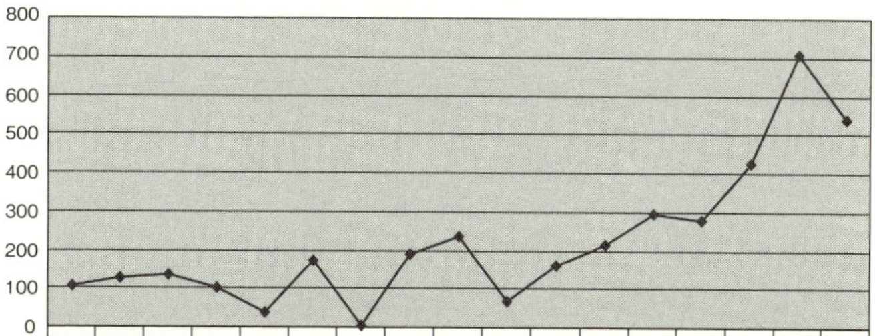

対象台数(単位1万台)

年	1989	1990	1991	1992	1993	1994	1995	1996	1997	1998	1999	2000	2001	2002	2003	2004	2005
対象台数(単位1万台)	104	127	134	103	37	172	5	191	236	68	162	215	293	278	424	707	541

出典：国土交通省「自動車交通局技術安全部審査課リコール対策室のデータ」からグラフ化

　このように，どのような企業においても新たな業務プロセスが導入されると，過去には存在しなかったような新手のリスクが発生する可能性が高まる。とくに現代社会のインフラともいえるIT技術が絡むと，未知のリスクに遭遇する確率は格段に高まる。

　したがって，新業務プロセスに潜むリスクの芽はあらゆる産業において確実に増加しており，たとえ小さなミスであっても大きな事故や損失に結びつくことがあるということを，われわれは常に意識する必要がある。これは，まさに「リスクに対する感受性を向上させる」ことに他ならない。

③　火災・漏えい事故の最近の増加傾向

　企業の危険物施設の火災・漏えい事故は，1986年以降の記録では1994年に284件まで低減しているが，その後は，残念ながら増加傾向に入り，2005年には580件に及び，過去20年間の記録上最悪を記録している。近年，企業が起こす火災・漏えい事故が増えているのは明らかである。

　火災・漏えい事故は，労働災害とは大きく異なる特徴がある。それ

図表1−8　危険物施設の火災・漏えい事故件数の推移（過去20年）[14]

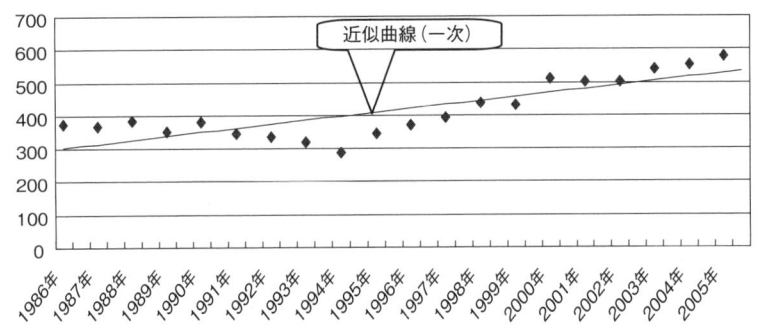

出典：「平成18年版消防白書」（総務省消防庁）よりグラフ化

は，労働災害は基本的に当事者である企業だけの問題であるが，火災・漏えい事故は近隣住民，あるいは環境に深刻な影響を与えるケースが確率的に高いということである。

したがって，大手企業の製造所や石油会社の給油施設など大きなエネルギーを扱う事業所では万全の安全対策が施されていないと操業は認可されない。しかし最近，この手の事故が増加傾向にあることを考えると，企業サイドの現在の対策が十分であるとはいえない状況である。

事故増加の原因はさまざま考えられるが，主に「設備の老朽化」や，最近までの経済不況による「現場の少人数化」とそれに伴う「習熟作業員の減少」などが容易に想定できる。これらの要因が複合的に絡み合い，徐々に進行していたリスクの増大を看過し，最終的に事故を招いたというケースが随分存在するのではないだろうか。

いずれにしても，社会から，さらなるリスクマネジメントの充実が企業に対して求められているのは間違いないだろう。

④　自然災害リスクの高い日本

2003年3月に公表されたミュンヘン再保険会社[注2]が発表した世界

の主要都市の自然災害リスク指数が，日本の政府や産業界に大きな衝撃を与えた。東京を除く調査対象のリスク指数の単純平均27に対して，東京・横浜でその26倍，大阪・神戸・京都でも3.4倍のリスク指数だったからである。つまり，ミュンヘン再保険会社のリスク指数の算定式では，日本の主要都市の自然災害リスクは著しく高いスコアになるということである。

図表1－9　世界主要都市の自然災害リスク指数

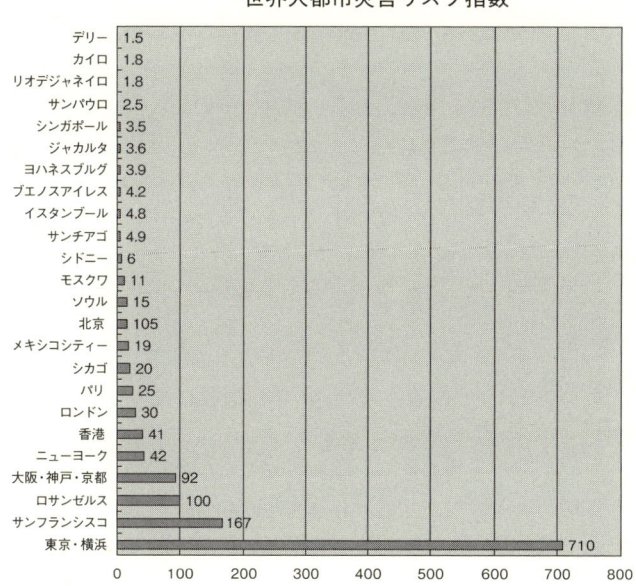

出典：参考文献10)に基づき作成

（注2）ミュンヘン再保険会社

　保険会社が加入する保険を再保険というが，再保険会社ではイギリスのロイズ保険組合，ドイツのミュンヘン再保険会社，日本では損害保険会社の出資により設立されたトーア再保険株式会社などが知られてい

る。

　巨大タンカーや高層ビルなどの大口案件やテロ・自然災害など，1社の保険会社ではその補償を引き受けるリスクが巨額となるため，その一部ないしは全額を国内外の別の保険会社（再保険会社など）の1社または複数社に引き受けてもらうことでリスクを分散する。

　なお，リスク指数の算出計算式は以下に示すとおりである。

リスク指数
　　＝危険発生の可能性×脆弱性×危険にさらされる経済価値

・危険発生の可能性：地震，台風，水害，その他（火山災害，山林火災，かんばつ等）の発生確率（Hazard）
・脆弱性：住宅の構造特性，住宅密度，都市の安全対策水準の3指標から構成（Vulnerability）
・危険にさらされる経済価値：経済上の影響規模に関連する指標。各都市の家計，経済水準等に基づく（Exposed values）

　このリスク指数は，災害による損失や損害の大きさを予測するものとして世界的に信頼のおける指数として認知されている。したがって，日本の場合は海外に比較して突出したリスク指数であることを認識し，今まで以上に十分な防災体制が必要不可欠であると考えるべきである。

　たとえば，「首都直下型地震が起こると，最悪で死者13,000人，経済損失112兆円の被害が発生する」[11]と予測されている。しかしながら，元来日本人は大災害や噴火には総じておおらかであり，その一方で，BSE問題で最近まで米国産牛肉の全面輸入禁止を実施したように，食品の安全等には神経質である。しかし，前述したように被害レ

ベルや発生確率では明らかに自然災害のほうが甚大であり，このリスクは経済的な損失規模ではBSEの比ではないだろう。

この辺の「アンバランスな日本人のリスク感覚」については，しばしば日本在住の外国人からも指摘されるところである。したがって，「食品の安全等には神経質だが，大災害は天命？である」と捉えがちな日本人のリスク感覚を，時代に即したリスクマネジメントの促進によって修正していく必要があるだろう。そのためには防災体制をすべて国に任せるのではなく，企業単位でも自然災害に対応した防災体制に本腰を入れて取り組むべきである。

(4) リスクの定義

前項，前々項を通して，リスクに関する事例やリスクそのものともいえる事故・災害等に関する統計資料の紹介を行ってきた。しかしながら，当然すべてのリスクを紹介できたわけではない。極端な言い方をすれば，「企業の数だけリスクも存在する」のであり，すべてのリスクを把握し本書で紹介することは不可能に近い。しかしながら，現代社会において，現代企業が直面する可能性が高いリスクをある程度キーワード的に整理することは可能である。**図表1－10**は，そのようなリスクをビジュアル的に整理したものである。

このようにリスクは多種多様であり，一言で表現することは非常に難しい。たとえば，「自然災害のような"避けがたい災害（あるいはテロ）"がリスクである」と考える人もいるだろうし，企業人の立場で考えれば「組織の責任を問われるような事故や事件がリスクである」という人もいるだろう。さらに経営者の立場であれば「経営上の経済的な損失がリスクである」というほうがよりしっくりする表現か

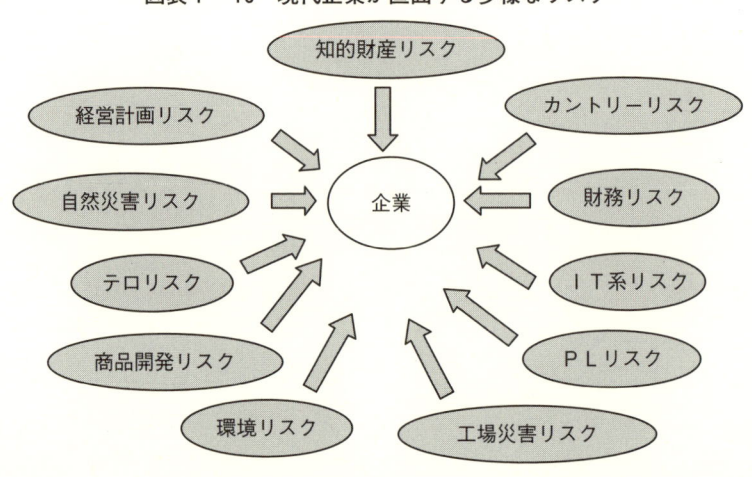

図表1－10　現代企業が直面する多様なリスク

- 知的財産リスク
- 経営計画リスク
- カントリーリスク
- 自然災害リスク
- 財務リスク
- テロリスク
- IT系リスク
- 商品開発リスク
- PLリスク
- 環境リスク
- 工場災害リスク
- 企業

もしれない。その一方で，「経済損失をもたらす原因や環境自体がリスクである」という言い方も可能である。

このようにリスクはさまざまな言い方が可能であるが，前述したリスクに対する多様なイメージを概念的に1つに集約して文章化することは可能である。

したがって，本書では下記に示す文章でリスクを定義づける[12]ことにした。今後はこの定義内容に基づいてリスクマネジメント論を展開していくことにしたい。

> **（企業が直面する）リスクとは**
> 企業が被る損失という（悪い）結果と，その結果をもたらす原因が存在する状況あるいは環境のことである。

なお，ここで示したリスクをビジュアル的に整理すると図表1－11に示すようになる。

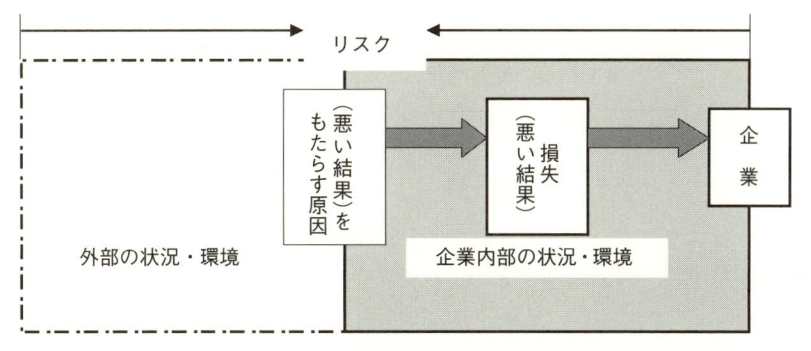

図表1－11　リスクを示す概念図

外部の状況・環境　→　（悪い結果）をもたらす原因　→　損失（悪い結果）　→　企業

企業内部の状況・環境

(5) リスクの分類

リスクマネジメントの適用分野は**図表1－10**で示したように多種多様であり，どのようなリスク分野を主体に扱っているかによって，リスクの分類やそれに基づくリスクの説明も違うケースが多い。つまり，業界や研究者によっていろいろな分類があり，分類に用いる用語の定義も異なってくるわけである。

そこで，本書では比較的よく紹介される代表的な「特性別リスク分類の方法」や，その他の「比較的理解が容易な分類法」を紹介することにする。

① 代表的な特性別リスク分類

「純粋リスク」に対する「投機的リスク」や，「静態的リスク」に対する「動態的リスク」といった分類がよく知られた特性別リスク分類例である。

純粋リスク	損失のみが生じて利得の機会がないリスク	火災，地震，自動車事故，テロなど
投機的リスク	利得を目指して行う行為だが，同時に損失発生の可能性もあるリスク	為替変動，新商品開発，新工場新設等のビジネスリスク

静態的リスク	社会や経済の変動とは無関係に発生するリスク	自然災害など
動態的リスク	社会や経済の動態的変化を原因として発生するリスク	PL（製造物責任）訴訟，環境問題など

② リスクとクライシスの分類
～リスクマネジメントとクライシスマネジメント

その他にも，「リスク」と「クライシス」を区別し，危険が顕在化する前をリスク，そして危険が顕在化して危機に直面した状態をクライシスと呼称する場合もある。

リスク	損害や損失という"危機"が顕在化する前の状況で，危機に直面する「可能性や確率」を示す言葉である	新規の製造ラインの"リスク"を考えて，安全管理を実施するなど
クライシス	リスクが顕在化した状態で，通常は「大規模な災害が発生した状態」など	地震，テロ，飛行機等の墜落など

この区分に従って補足説明をすると，本来「リスクマネジメント」とは，"危機"を避けるためのマネジメントであり，「企業活動を脅かす恐れのあるリスクを発見・分析して，それが及ぼす影響を把握し，合理的で経済的な方法とコストでリスクを管理する活動[13]」である。本書では，原則，この考え方に基づいてリスクマネジメント論を展開していくことになる。

一方，クライシスに対応したマネジメントとしては，まさに「クライシスマネジメント」が対応しており，これは「残念ながら危機を回避できずに，危機そのものに直面した段階で対処するマネジメント」である。したがって，クライシスマネジメントでは，「危機的状況においても，平常心を保ち，適切な対応により，"損失を最小化"し，

"二次的災害"を回避する活動」が重要である。それゆえ「クライシスマネジメント」は，危機自体の回避が事実上不可能に近い「地震や台風など自然災害分野」でとくに重要なマネジメントである。

なお，本書では主にビジネス系リスクに対応した「リスクマネジメント」を想定しているので，「クライシスマネジメント」は本書の対象外ということにする。

ところで，リスクマネジメント分野でクライシスマネジメントまで含んだ内容の場合，それは"広義の意味"になり，含まない場合は"狭義の意味"になる。したがって，本書でこれ以降扱うのは「リスクマネジメント（狭義）」ということになる。

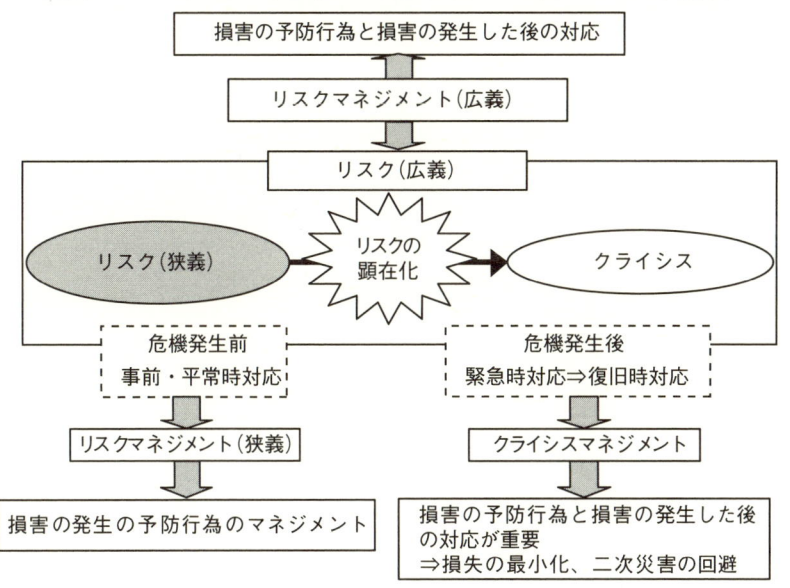

図表1－12　リスクマネジメントとクライシスマネジメントの関係図

```
        損害の予防行為と損害の発生した後の対応
                     ↓
            リスクマネジメント（広義）
                     ↓
                リスク（広義）
        ┌─────────────┬─────────────┐
    リスク（狭義）  →リスクの顕在化→  クライシス
        │                           │
    危機発生前                    危機発生後
    事前・平常時対応              緊急時対応⇒復旧時対応
        ↓                           ↓
  リスクマネジメント（狭義）      クライシスマネジメント
        ↓                           ↓
  損害の発生の予防行為の        損害の予防行為と損害の発生した後
  マネジメント                  の対応が重要
                               ⇒損失の最小化、二次災害の回避
```

③　職能的観点によるリスク分類

各企業によってさまざまなリスクが存在することは前述したとおり

であるが,「職能」という一般化された概念によって,主なリスクを分類することは可能である。なお,「職能とは企業などの大きな枠組みの中で,その職業・職務の果たす役割」[14]のことである。

たとえば,人事部門であれば「労務管理上のリスク」,総務部門では「自然災害時のリスク」といったように,要求される機能によって存在するリスクが異なってくる。

この職能別リスクは,図表1－13に示すようになる。

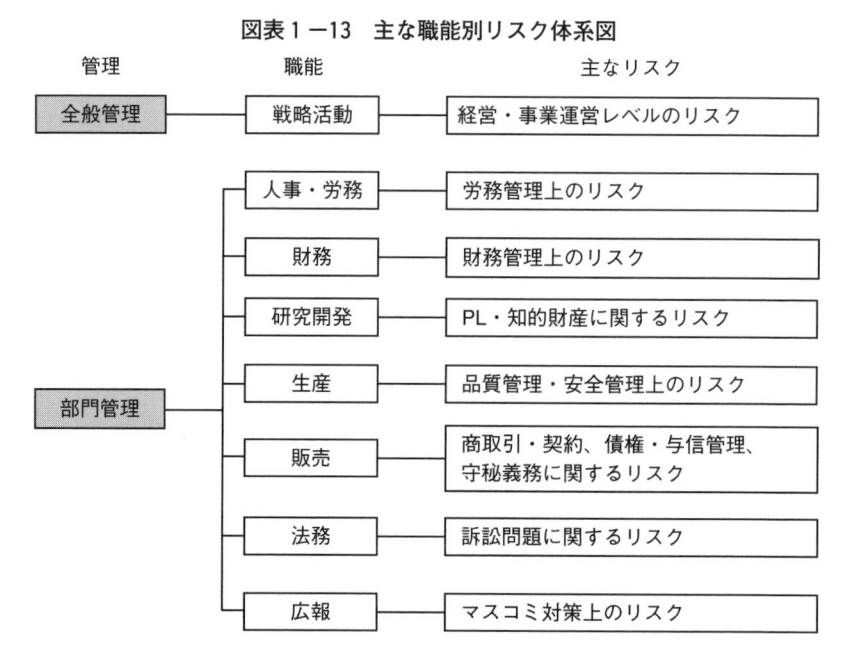

図表1－13　主な職能別リスク体系図

管理	職能	主なリスク
全般管理	戦略活動	経営・事業運営レベルのリスク
部門管理	人事・労務	労務管理上のリスク
	財務	財務管理上のリスク
	研究開発	PL・知的財産に関するリスク
	生産	品質管理・安全管理上のリスク
	販売	商取引・契約、債権・与信管理、守秘義務に関するリスク
	法務	訴訟問題に関するリスク
	広報	マスコミ対策上のリスク

④　損害の性質から見たリスク分類

われわれが一般的にリスクといっているものは,大枠的には「避けようのない災害」,「組織責任を問われる事故・事件」,「経営上の経済的な損失」の3つに分類することも可能[14]である。

避けようのない災害	不可避の事態	地震，台風，洪水のような自然災害やテロ等，明らかに外部要因によりもたらされるリスク
組織責任を問われる事故や事件	組織事故	企業の起こした事故や事件，騒動，従業員による犯罪など組織の倫理や管理能力が問われるリスク
経営上の経済的な損失	経済的損失	資産・利益の損失，倒産，損害賠償など組織にとって経済的な損失となるリスク

【参考文献】
1) 総務省統計局・統計研修所の国内総生産（2004）
　　（http://www.stat.go.jp/data/sekai/0301.htm#g03-02）
2) 日本経済研究センター長期経済予測：2006年〜2050年
3) 総務省統計局・統計研修所の諸外国の主要指標
　　（http://www.stat.go.jp/data/sekai/ap.htm）
4) 毎日新聞2005年5月9日「ゴールドマン・サックス（米国証券会社の2003年予想）のレポート関連記事」
5) P. F. ドラッカー著，上田惇生訳『現代の経営』（ダイヤモンド社，1965）
6) 厚生労働省「平成17年度における死亡災害・重大災害発生状況の概要」
　　（http://www.mhlw.go.jp/houdou/2006/05/h0515-1.html）
7) 日本経済新聞夕刊，2004年8月26日「ケータイ百景4 生産システム」
8) 国土交通省「自動車交通局技術安全部審査課リコール対策室」
　　（http://www.mlit.go.jp/kisha/kisha06/09/090404_.html）
9) 平成18年版消防白書「危険物施設の火災・漏えい事故件数の推移（過去20年）」
　　（http://www.fdma.go.jp/html/hakusho/h18/h18/search/search.html）
10) ミュンヘン再保険会社アニュアル・レポート（平成15年3月公表）
11) 日本経済新聞，2005年3月5日「日本人のリスク感覚」
12) 前川寛『リスクマネジメント』（ダイヤモンド社，2003）
13) 多田浩之「企業経営にかけるリスク・クライシスマネジメントのトレンド」（経営システム第14巻，（社）日本経営工学会，Vol.14 No.2 2004.7）
14) 澤口学，竹村政哉「リスクマネジメントの基本」（(学) 産業能率大学通信教育テキスト，2006）

第2章 企業経営とリスクマネジメント

1．効率的な企業活動とは

　「企業にとっての第一の責任は存続すること（P. F. ドラッカー博士の言葉）[1]」であると第1章第1節で述べたが，当然ながら存続するための中心活動は，顧客を確保するための活動になってくる。したがって，通常の企業活動の主な役割は，「経営資源というインプットを有効に活用して，顧客満足を実現できるアウトプット（効用）を達成すること」である。つまり，ムリ・ムラ・ムダのないインプットで目標とするアウトプットを確実に達成できる企業ほど効率的で優良な企業ということになる。

図表2－1　企業の効率化モデル

```
                        達成度（能率）           目標のアウトプットの達成
[経営資源]
ヒト（人的資源）
モノ（物的資源）          ⇒            企業活動       ⇒       （効用）
カネ（資金的資源）       インプット      （変換         アウトプット    顧客の満足する製品や
情報（情報的資源）                     プロセス）                  サービスの提供
時間（時間的資源）
                    最低のインプット                 達成度（効率）
```

このような企業活動の中で，インプットとなる経営資源として「ヒト・モノ・カネ・情報・時間」などが具体的要素として列挙されることが多く，これらの要素が経営資源として有効活用されればされるほど，「顧客価値」としてのアウトプットもより高いものになってくる。

すなわち，企業の役割とは，企業体という変換プロセスを通して，使用した経営資源に対して新たに価値を付加することであるといえよう。

以上のことから，「顧客価値」とはそもそも「付加価値」に直結するものでなければならないし，「付加価値の創出とは，企業にとっては利益の創出に他ならない」のである（図表2－2参照）。

そしてリスクマネジメントの観点からは，創出された利益が，将来の損失を回避するためにストックされると考えたほうがより自然であろう。つまり，「利益は目的ではなく，リスクをカバーし未来に向かってよりよい事業を展開していくためのコストである」[1]という考え方が重要なのである。

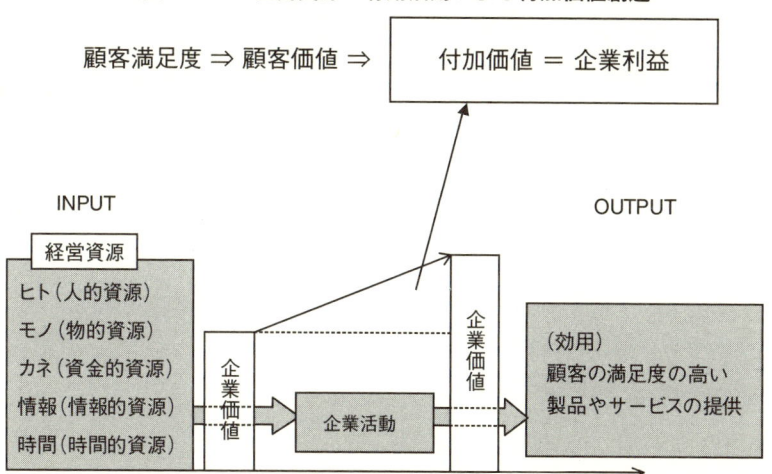

図表2－2　経営資源の有効活用による付加価値創造

顧客満足度 ⇒ 顧客価値 ⇒ 　付加価値 ＝ 企業利益

INPUT

経営資源
- ヒト（人的資源）
- モノ（物的資源）
- カネ（資金的資源）
- 情報（情報的資源）
- 時間（時間的資源）

企業価値 → 企業活動 → 企業価値

OUTPUT

（効用）顧客の満足度の高い製品やサービスの提供

2．企業活動の効率化から見たリスク

　前述したような企業活動の効率化モデルの中で，経営資源の具体的要素である「ヒト・モノ・カネ・情報・時間」がその名のとおり経営資源として有効活用されている限りは，問題なく付加価値を高める活動が実現化されていることになる。

　しかし，企業が直面する多種多様なリスク[2]（図表1－10参照）は，経営資源の各要素が複雑に絡み合って発生したケースが非常に多いのもまた事実である。

　したがって，経営資源の各要素は，一歩誤るとリスク発生の導火線ともいえる"危険な資源"にもなりうる（図表2－3参照）ということを決して忘れてはならない。

図表2－3　経営資源とリスク発生の関係

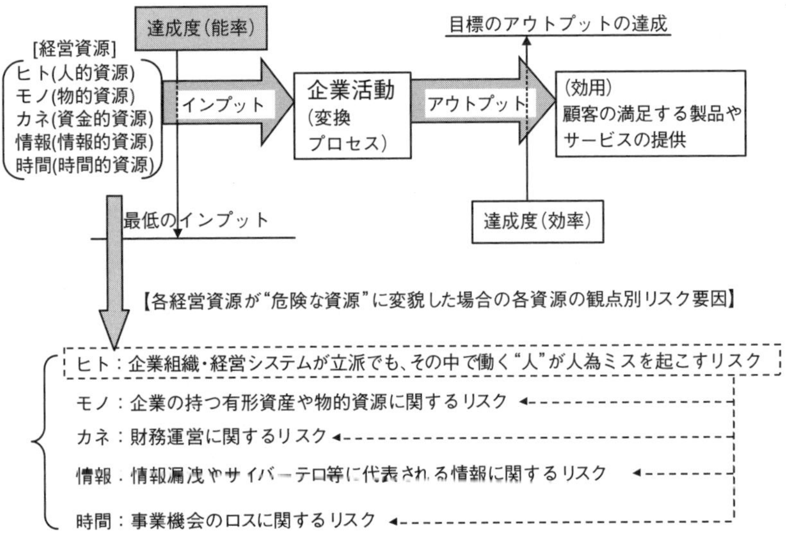

［経営資源］
- ヒト(人的資源)
- モノ(物的資源)
- カネ(資金的資源)
- 情報(情報的資源)
- 時間(時間的資源)

達成度(能率) → インプット → 企業活動(変換プロセス) → アウトプット → 目標のアウトプットの達成 → (効用) 顧客の満足する製品やサービスの提供

最低のインプット　　達成度(効率)

【各経営資源が"危険な資源"に変貌した場合の各資源の観点別リスク要因】

- ヒト：企業組織・経営システムが立派でも，その中で働く"人"が人為ミスを起こすリスク
- モノ：企業の持つ有形資産や物的資源に関するリスク
- カネ：財務運営に関するリスク
- 情報：情報漏洩やサイバーテロ等に代表される情報に関するリスク
- 時間：事業機会のロスに関するリスク

とくに，人的資源であるはずのヒトが，危険な資源に変貌すると，他の経営資源（モノ，カネ，情報，時間）も連鎖的に危険な資源化しやすいということは肝に銘じておく必要があろう。なぜならば，いずれのリスク発生のケースも，その背景に「リスク管理当事者である"ヒューマンの対応や意思決定姿勢"」が多かれ少なかれ絡んでいるのが明白だからである。

ところで，経営資源の各要素が危険な資源に変貌した場合，それぞれの要素ごとに考えられる主なリスク項目はどのようなものが考えられるのだろうか。各要素別にそれらの内容を整理すると図表2－4に示すようになる。

図表2－4　各経営資源別に把握した主なリスク内容

経営資源の各要素	主 な リ ス ク 内 容
ヒ　ト ・企業組織や経営システムの中で働く"人"に関するリスク	労働災害，横領・窃盗，セクシュアル・ハラスメント，ストレス性障害
モ　ノ ・企業の持つ資産や物的資源に関するリスク	調達に関するリスク，環境リスク，知的財産権に関するリスク
カ　ネ ・財務運営に関するリスク	市場リスク，信用リスク，投資リスク，カントリーリスク
情　報 ・情報漏えいやサイバーテロなどに代表される情報に関するリスク	ネットセキュリティに関するリスク，機密情報漏えいのリスク，個人情報に関するリスク，システム障害に関するリスク
時　間 ・事業機会のロスに関するリスク	事業復旧に関するリスク，生産拠点の分散化，調達ルートの分散化
その他複合的なリスク	製造物責任に関するリスク，商取引に関するリスク，クレーム対応のリスク

図表2－4で示した各種リスク項目も，"ヒト＝ヒューマン"が多かれ少なかれリスク発生に絡んでいるのは間違いのない事実である。

たとえば，モノに関するリスクの1つとして「調達に関するリスク」を考えてみよう。調達物が仮に牛肉だったとすれば，近年ではBSE問題が調達上の具体的リスク項目になり，このケースでは当然，調達責任者であるヒューマンの意思決定姿勢によって食に対する安全管理が大きく左右されることになる。仮に担当者が食の安全に慎重な姿勢を示して，調達先を定める意思決定をすれば，トレーサビリティという考えに基づいた安全第一の管理が徹底するであろうが，逆に担当者がまったく食の安全に無頓着であれば，ただ安いだけの仕入管理で，安全が脅かされるのは火を見るより明らかである。

このようなケースは，他の経営資源の要素に絡むリスクでも同様である。つまり，「どのようなリスクに対してもヒューマンは直接的あるいは間接的に関わり，その関わり方次第によってリスクは最小化も最大化もしてしまう」のである。

別の言い方をすれば，社会環境の変化に対してヒューマンが鈍感であれば，経営資源が危険な資源に変貌する確率が高まり，それが結果的にリスクを最大化させ，最終的には企業価値も著しく低下させてしまうということである。この辺の関連性について企業活動モデルを用いて図解化すると，**図表2－5**に示すとおりになる。

この図表からわかるように，リスクに対峙した際の人間，すなわち"ヒューマン"が当初の予定どおりにヒューマンリソース（人的資源）たりうる活動を適切に取り得たかどうかによって，リスクマネジメントの成否が決まってしまうということである。

なお，「ヒューマンの視点からのリスクマネジメントの必要性」に

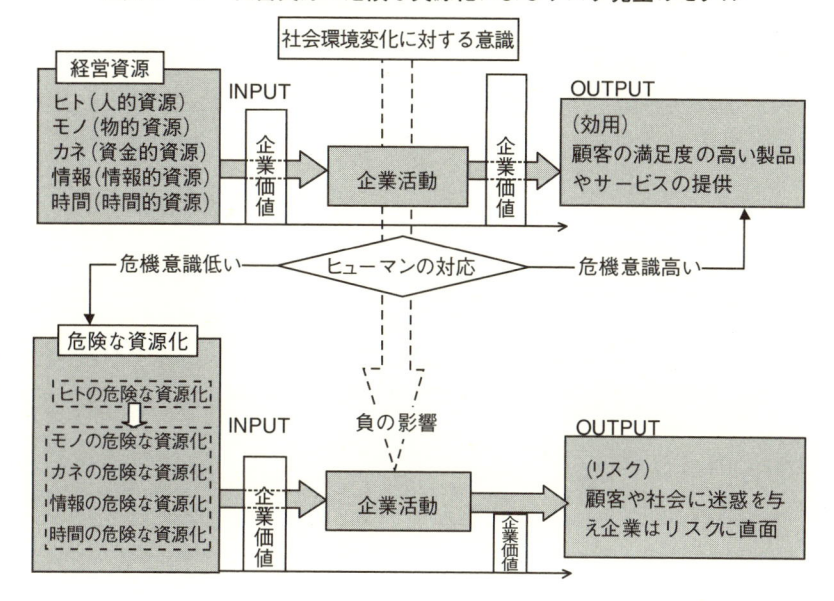

図表2－5　経営資源の危険な資源化によるリスク発生のモデル

関しては改めて第5章で触れる。

3．CSR（企業の社会的責任）活動に貢献するリスクマネジメント

(1) リスクマネジメントとCSR活動

リスクマネジメント活動を広義に捉えると，「リスクを回避する活動＝リスクマネジメント（狭義）」と「発生したリスクの最小化と二次災害の回避活動＝クライシスマネジメント」の2タイプ（図表1－12参照）であるが，前者の活動は「企業内外に潜んでいる潜在的リスクに対する"気づきを高める効果"」があり，後者の活動は「リスク発生後の事後対策を通して，顕在化したリスクに対する"解決力を高

める効果"」がある。

つまり,「リスクの感知,解析,解毒そして企業再生というリスクの予防と事後対策」を通して,「リスクに対する感受性が向上」することになる。この結果,企業は損失回避活動の習熟化が進み,企業の安定的な存続によって,恒常的な社会貢献が可能になるわけである。このプロセスをビジュアル的に整理すると,**図表2－6**のようになる。

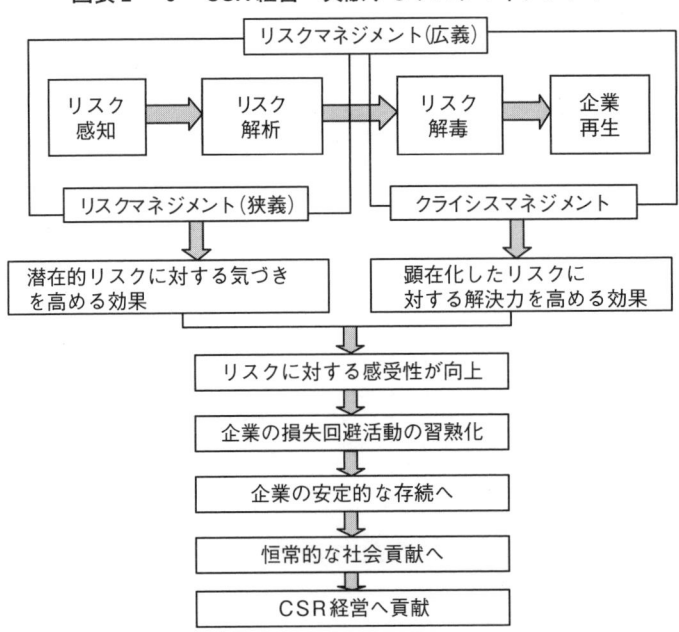

図表2－6　CSR経営へ貢献するリスクマネジメント

```
                    リスクマネジメント(広義)
    ┌─────────┬─────────┬─────────┬─────────┐
    │ リスク   │ リスク   │ リスク   │ 企業    │
    │ 感知    →│ 解析    →│ 解毒    →│ 再生    │
    └─────────┴─────────┴─────────┴─────────┘
       リスクマネジメント(狭義)    クライシスマネジメント
              ↓                        ↓
    ┌──────────────────┐    ┌──────────────────┐
    │ 潜在的リスクに対する気づき │    │ 顕在化したリスクに │
    │ を高める効果          │    │ 対する解決力を高める効果 │
    └──────────────────┘    └──────────────────┘
              ↓                        ↓
           ┌──────────────────────────┐
           │ リスクに対する感受性が向上 │
           └──────────────────────────┘
                        ↓
           ┌──────────────────────────┐
           │ 企業の損失回避活動の習熟化 │
           └──────────────────────────┘
                        ↓
           ┌──────────────────────────┐
           │ 企業の安定的な存続へ      │
           └──────────────────────────┘
                        ↓
           ┌──────────────────────────┐
           │ 恒常的な社会貢献へ        │
           └──────────────────────────┘
                        ↓
           ┌──────────────────────────┐
           │ CSR経営へ貢献             │
           └──────────────────────────┘
```

つまりリスクマネジメント活動の徹底は,「CSR経営」を促進する強力な手段の1つになっていることは間違いない。

(2) CSR（企業の社会的責任）活動とは
① CSR活動の全体像

CSRとは「Corporate Social Responsibility」の頭文字をとったものであり，日本語では「企業の社会的責任」と訳されて使われている。経済のグローバル化，情報化，生活者意識の向上などに伴い，CSRをより広い視野から捉え直そうという認識が国際的に高まり，日本においても2000年前後から一般的な言葉になってきている。

このようにCSRという言葉自体は比較的新しいものではあるが，地域社会に貢献するという意味では，日本でも「企業市民，メセナ，フィランソロピー」といった言葉で語られる時期もあった。そういう意味ではCSRという言葉は古くて新しい概念であるといえるかもしれない。

しかし，現在語られているCSR活動は，単なる社会貢献という掛け声（以前はバブル景気華やかな頃，一部企業の偽善的活動に陥ったケースが多かった）だけではなく，「好・不況にかかわらず，企業がより具体的な社会的責任を，より具体的な社会（＝ステークホルダー：利害関係者）との共生を念頭に置いて活動しなければならない」という認識の高まりが背景にある。これがCSRの基本的な考え方である。

この内容を体系的に整理すると，「具体的なCSR活動の3ステップ」として説明することが可能である（図表2－7参照）。

② CSR活動の概要

CSR活動の実際は，取り組む企業によって多種多様であるが，おおむね図表2－7で整理した3つのステップの範囲がCSR活動の全体概要ということができる。

なお，CSR活動の根幹に関わる部分は「CSR活動の前提条件（第

図表 2－7　CSR活動の3段階モデル

	企業の具体的な社会的責任（CSR）活動	
前提条件	**社会に負の影響を及ぼさない活動** 企業倫理・法令遵守等によって社会的責任を果たす ・他を傷つけない ・社会に害を与えない ・正直である ・悪事を避ける ・詐欺的であってはならない etc.	第1ステップ
必要条件	**社会に正の影響を及ぼす活動その1：企業内活動** 事業活動・革新的商品開発等によって社会革新を促す ・やがてくる社会潮流を先読みした商品開発 ・環境社会の促進に役立つ商品の開発と提供 ・各ステークホルダーの利益（便益）を先読み（予測）した事業戦略 ・シルバー社会の未来を明るくさせる商品の提供 ・少子化の歯止めを引き出す商品開発 etc.	第2ステップ
十分条件	**社会に正の影響を及ぼす活動その2：企業外活動** 事業外投資によって社会貢献を促す ・地域社会に有益な便益（コミュニティセンターなど）を設立する ・地域社会の自然環境・史跡名勝を積極的に保全する活動を促進する ・スカラーシップ制度を充実させて、次の社会を担う優秀な人材を育成する etc.	第3ステップ
	具体的な社会（ステークホルダー：利害関係者） ・顧客　・従業員　・地域社会（コミュニティ） ・株主　・取引先 etc.	

1ステップ）である"社会に負の影響を及ぼさない活動"」である。これはまさに「コンプライアンス（compliance）」に他ならない。現在の成熟した社会では，この部分が欠落してしまうと，CSR活動での第2ステップや第3ステップ自体が"社会に対する欺瞞行為"に成り下がってしまう。その結果，企業価値そのものが社会に否定され，倒産という最悪の結果が訪れることもありうる。

つまり企業は，コンプライアンスも含めて，あらゆる損失回避に対する習熟度を上げて，CSR活動を安定化させていくことが求められているのであり，そのためには，図表2－6で示したようにリスクマネジメントを通してリスクに対する感受性を上げていくことが重要になる。

要するに，CSR活動の安定化には第3ステップの十分条件の実現

以前に，企業の余剰金の使途が問われる時代になっているということを認識する必要があり，そのためには，第1ステップの前提条件において，高度経済成長期における経済至上主義的なものではなく，現在の社会規範に従う必要性をどれだけ感知できるかが問われているということである。これらCSR活動に対する姿勢は，まさに「リスクに対する感受性を上げる活動（とくに動態的リスクに対して）」に関連していることは間違いないだろう。

(3) CSR活動の根幹をなすコンプライアンス

CSR活動の第1ステップの前提条件は，「企業倫理・法令遵守等によって社会的責任を果たす」ことであるから，「コンプライアンス」そのものである。したがって，CSR活動はコンプライアンスからスタートすることになり，これが崩壊するとステップ2や3の活動は根底から崩れることになる。したがって，リスクマネジメントは当然，コンプライアンス活動上の損失回避も視野に入れなければならない。

① コンプライアンスとは

コンプライアンスは，通常，日本語では「法令遵守」と訳されることが多いが，その意味するところは，前述したCSR活動の第1ステップの前提条件そのものである。

つまり，"法令を守ることは当たり前"のことであり，法令の上位にある社会規範（常識）に基づく企業活動を行うことである。このような企業活動を「コンプライアンス経営」という。

なお，コンプライアンス経営の概念は，1960年代の米国に登場している。独占禁止法違反の訴訟が多発し，敗訴すると企業の存続にもかかわる大きな問題になってきたからである。さらに「ウォーターゲート事件[注1]」や「ロッキード事件[注2]」が起きた1970年代において，

企業のモラル改善を図るためにコンプライアンスプログラムも導入されている。一方，日本では，共産圏への不正輸出事件やバブル崩壊後の証券会社による不正利益供与事件などから1990年代以降，企業にコンプライアンスの重要性が認識されるようになった[3]。

（注1）ウォーターゲート事件

1972年6月17日，米国のワシントンDCのウォーターゲートビルにある民主党本部に盗聴器を仕掛けようとした5人組が逮捕される事件に端を発している。

当初，この事件に政府は関与を否定していたが，後に"米国政府の違法な諜報活動"が摘発され，国防総省の対ベトナム秘密文書等も明らかになるなど一連のスキャンダルが白日の下にさらされた事件である。結局この問題で，共和党のニクソン大統領は1974年辞任に追い込まれている。

（注2）ロッキード事件

1976年2月4日に米国上院で行われた上院多国籍企業小委員会（チャーチ委員会）公聴会で，大手航空機製造会社のロッキード社が，全日空をはじめとする世界各国の航空会社に大型ジェット旅客機「L-1011トライスター」を売り込むため，"各国の政府関係者に巨額の賄賂をばら撒いていたこと"が明らかになった大規模な贈収賄事件である。

なお，全日空への工作費は約30億円だったといわれており，この事件は，日本国内では「首相の犯罪」へと発展した戦後最大級の疑獄事件として知られている。

しかしながら，昨今ではコンプライアンス経営により不祥事が減少するどころか，逆に企業をめぐる不祥事の範囲は「顧客データの漏えい問題」，「食品表示に関する偽造」，「環境対応への問題」等多様化しており，少なくともマスコミに登場する件数は飛躍的に増えている。

このことからも，企業の不祥事は減少している印象からは程遠いのが現実である。

図表2－8に最近起こった企業の不祥事の事例を示す。これらはすべてコンプライアンス経営の失敗例であり，CSR活動の第1ステップからつまずいた典型例とみなすことができる。

図表2－8　コンプライアンス経営の失敗例

企業の不祥事例	欠落した主な遵守すべき項目
A農産等の鳥インフルエンザ隠蔽問題	①法律，条令，規則の法規範 ③倫理，社会的規範
産地偽造問題（食品表示偽造など）	①法律，条令，規則の法規範 ③倫理，社会的規範
無認可食品添加物隠蔽問題	①法律，条令，規則の法規範 ③倫理，社会的規範
M自動車等の商用車のリコール隠し	①法律，条令，規則の法規範 ③倫理，社会的規範
S温泉等の温泉偽造隠蔽問題	①法律，条令，規則の法規範 ③倫理，社会的規範
T社等のTVショッピングの顧客データ情報の漏洩問題	②社会ルール，業務マニュアル
YG球団によるプロスカウト上の自由獲得候補選手への利益供与問題	③倫理，社会的規範
医療ミスによる事故死の隠蔽問題	①法律，条令，規則の法規範 ③倫理，社会的規範
K電力の原子力発電所の配管亀裂による熱湯漏れによる作業員の死亡	②社会ルール，業務マニュアル ③倫理，社会的規範
J社の原子力臨界事故による作業員の死亡	①法律，条令，規則の法規範 ②社会ルール，業務マニュアル ③倫理，社会的規範
N放送局のディレクターの業者への不正利益要求事件	①法律，条令，規則の法規範 ③倫理，社会的規範

② コンプライアンス体制の確立へ

　コンプライアンス体制の確立は，金融機関のように行政機関主導で進められたケースや，企業としてのポリシーの社内共有化とあわせて全社的に進められたケースなど，その形態は企業によってまちまちである。しかし，全社を挙げて大々的にコンプライアンス体制の確立に取り組んでいる企業ばかりではなく，何らかのかたちでその重要性を従業員に伝え，研修を実施したり，業務マニュアルの見直し等によって，地道にコンプライアンスの浸透を図っている企業も多い。

　現代社会では，コンプライアンス経営は当たり前のことであり，組織的な取組みがなされていなくても，われわれは現代社会の一員としてコンプライアンスを意識して行動するのは当然のことである。

　コンプライアンス体制の確立に向けた活動概念を図表2－9に示す。

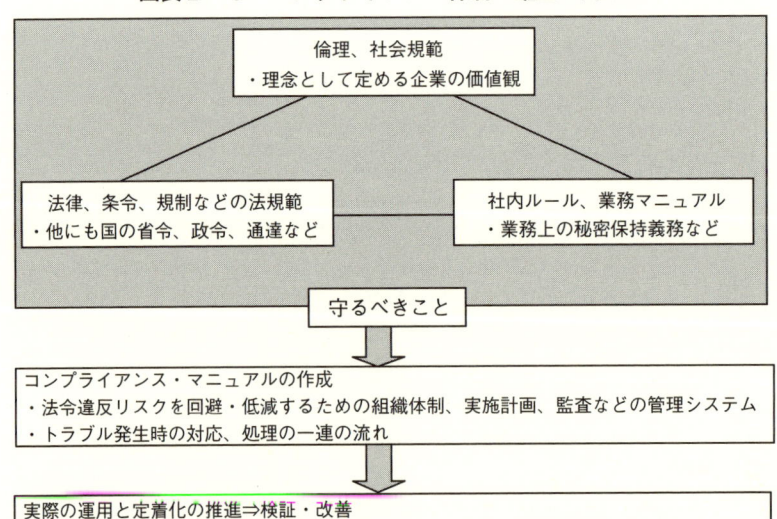

図表2－9　コンプライアンス体制の確立へ向けて

```
              ┌─────────────────────┐
              │    倫理、社会規範      │
              │・理念として定める企業の価値観│
              └─────────────────────┘
               ╱                    ╲
┌─────────────────────┐   ┌─────────────────────┐
│法律、条令、規制などの法規範│   │社内ルール、業務マニュアル│
│・他にも国の省令、政令、通達など│   │・業務上の秘密保持義務など│
└─────────────────────┘   └─────────────────────┘
                    │ 守るべきこと
                    ▼
┌──────────────────────────────────────┐
│コンプライアンス・マニュアルの作成                         │
│・法令違反リスクを回避・低減するための組織体制、実施計画、監査などの管理システム│
│・トラブル発生時の対応、処理の一連の流れ                   │
└──────────────────────────────────────┘
                    ▼
┌──────────────────────────────────────┐
│実際の運用と定着化の推進⇒検証・改善                       │
│・社員教育の実施と日々の注意喚起や定期的なモニタリング(監視)活動の推進│
└──────────────────────────────────────┘
```

③ コンプライアンスとリスクマネジメント

近年の企業の事故・不祥事（第1章第2節や**図表2－8参照**）を振り返れば明らかなように，コンプライアンス経営の失敗が大きくかかわっているものが多く，コンプライアンス対策を十分に講じていない企業は，何かトラブルが発生したときにより大きな非難を浴びていることがわかる。イメージが大幅に低下し，企業経営の維持さえできなくなるリスクをはらんでいるのである。

したがって，現代社会では，企業経営の維持のためには「コンプライアンスもリスクマネジメントの一部として認識しなければならない時代である」ことを改めて肝に銘じてほしい。

【参考文献】
1) P. F. ドラッカー著，上田惇生訳『現代の経営』（ダイヤモンド社，1965)
2) 澤口学「逆転発想アプローチによる創造的リスク対策とその有効性Ⅰ」((学) 産業能率大学2004)
3) 澤口学，竹村政哉「リスクマネジメントの基本」((学) 産業能率大学通信教育テキスト，2006)

第3章 企業経営レベルのリスクマネジメント活動

1. 組織的なリスク管理体制のすすめ
〜ERM（Enterprise Risk Management）体制の構築へ

　健全な企業経営（現代社会では第2章で触れた"CSR経営"と言い換えてもよい）を営んでいくうえで，"リスクマネジメントの重要性"は従来から認識されてはきたものの，リスクマネジメントを円滑に進めることができずに，不祥事が発生するたびに経営者から「まさかこんなことが起ころうとは思わなかった」とか「社内のコミュニケーション不足がこのような事態を招いてしまった…」などといった反省とも懺悔ともとれない，煮え切らないコメントや感想が新聞紙上に掲載されるケースが実に多い。

　最近も，業務シュレッダーメーカーのA社で「幼児シュレッダー事故」が発生したが，本件に関しても「業務用シュレッダーを2歳の子供が一人で操作することは想定していなかった」とのコメントが新聞記事[1]に掲載されている。しかも「まれな事故」との現場判断で，経営者への報告も遅れ，事故発生から公表まで5ヵ月も要している。まさに「リスク管理体制の不備」が招いた結果であろう。

　「リスク管理体制の不備」とは，リスクマネジメントを個別部門別

に実施している（あるいは，しようとしている）が，全社的レベルでみると，リスクマネジメント活動がうまく運営・管理されていない状態を意味する。

　このように，現代社会の社会環境下で"リスクマネジメントの必要性"が提唱されるようになってはいても，リスク管理体制が社内で構築できているケースはまだまだ少ないのが実情ではないだろうか。

　最近発生した不祥事や事故など（第2章の図表2－8参照）も，ほとんどが企業内のリスク管理体制の不備が根底にあるような気がしてならない。

　具体的にいえば，現場サイドが個別対応で済ませ，経営トップに円滑に報告が行かない（最悪は隠蔽・隠匿に至る犯罪行為）状態，あるいはトップ自らが現場任せでいいように任せている状態（聞かない・聞きたくない状態）などが典型的なリスク管理体制の不備・不能状態のケースだろう。

　しかも最近は毎週（いや毎日？）のように，このようなリスク管理体制の不備・不能状態に関連した不祥事や事故（P社のガス給湯器の事故や一連の各電力会社の発電所事故隠しやデータ改竄など）が新聞紙上を賑わしているので，いくらリスクマネジメントの重要性が最近認識されつつあるとはいえ，昔に比べてリスク管理体制がむしろ悪化（逆行）しているようにさえ思えてしまう。

　しかし，上述した不祥事や事故が単純に増えていると断定することもできない。もちろん，統計的根拠がないことが大きな理由の1つではあるが，それ以上に，昔ならリスクとして認識しなくてもすんだ内容が，現在はリスクマネジメントの対象になっているものが数多く存在するからである。つまり，「社会や経済の変化に関連して発生する"動態的リスク"（PL訴訟，環境問題など）」が飛躍的に増えている

ことが主な原因だと筆者は考えている。

事実,「リピュテーションリスクの増大」は現代社会では無視できない。「以前ならばメディアに取り上げられなかった不祥事でも，最近では取り上げられ，世間から批判を浴びることが少なくない」[2)]という指摘を聞くことも多いからである。

したがって,「動態的リスク」を適宜把握し，それらに対処していける能力が企業全体を通して備わっていなければならない。そのためには，現代社会の潮流を常に意識するセンスが企業組織に求められることになる。このセンスもまさに「リスクに対する感受性」に他ならない。

図表３－１　現代社会の潮流と動態的リスク

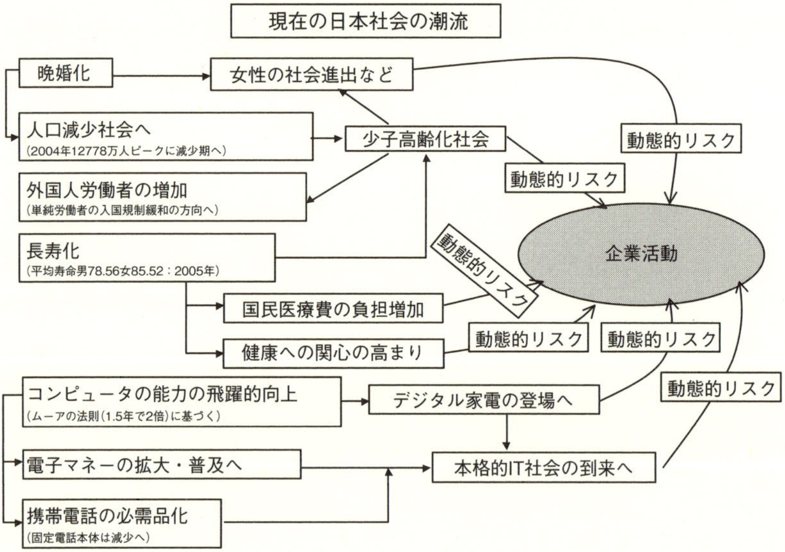
現在の日本社会の潮流
晩婚化
女性の社会進出など
人口減少社会へ
(2004年12778万人ピークに減少期へ)
少子高齢化社会
外国人労働者の増加
(単純労働者の入国規制緩和の方向へ)
長寿化
(平均寿命男78.56女85.52：2005年)
国民医療費の負担増加
健康への関心の高まり
コンピュータの能力の飛躍的向上
(ムーアの法則(1.5年で2倍)に基づく)
デジタル家電の登場へ
電子マネーの拡大・普及へ
本格的IT社会の到来へ
携帯電話の必需品化
(固定電話本体は減少へ)
企業活動
動態的リスク
動態的リスク
動態的リスク
動態的リスク
動態的リスク
動態的リスク

またその一方で，企業は個々のリスクに部門ごとに個別対処するだけでは,「組織全体として，リスクに対する企業の社会的責任（CSR）が果たせない時代になってきている」ことも，前述した不祥事・事故

の紹介から明らかである。

　しかし，逆にいえば，事故が起こっても，その後の対応が全社的にスムースに対応できれば"災い転じて福となす"で，逆に企業イメージを高めることも可能である。

　最近では「松下電器の石油暖房機の不良品の点検体制構築」などは，逆に松下ブランドの向上につながった迅速な対応であると評価されている。海外に目を転じると，「1982年のJ&J（ジョンソン&ジョンソン）のタイレノール事件(注1)への迅速な対処」が有名であるが，これなども，J&Jは後により大きな市場とより高い信頼を得ることができたといわれている。

（注1）J&J（ジョンソン&ジョンソン）のタイレノール事件
　　J&Jの主力商品であった家庭用鎮痛剤"タイレノール"にシアン化合物が混入され，全米で7名が死亡した事件で，その際J&Jの経営トップは全タイレノール商品の回収，マスコミを通じた積極的な情報公開，新聞への警告記事の掲載など素早い対応を実施し，半年後には鎮痛剤パッケージを不正に開封できないタイレノール製品を開発した。
　　J&Jはこの事件で巨大な費用損失を被ったが，迅速な対応により同業他社が真似できない付加価値の高い製品に変更し，より大きな市場と高い信頼性を獲得した。

　このような全社的な対応を可能にするためには，現場対応型の個別のリスク管理ではなく，「全社的リスク管理体制（ERM活動）」を構築することが急務であろう。

　リスクの概念図（**図表1－11参照**）に基づいて，全社的リスク管理体制との関係をビジュアル的に整理すると**図表3－2**のようになる。

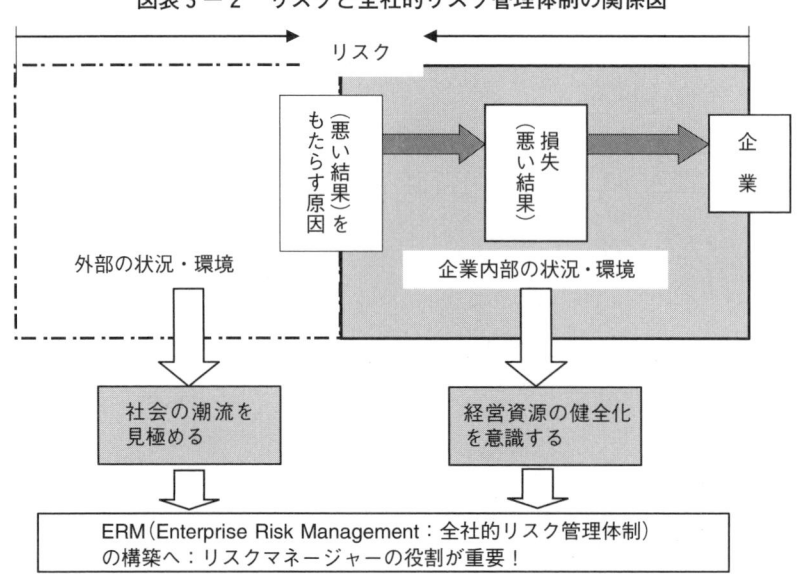

図表3－2　リスクと全社的リスク管理体制の関係図

```
外部の状況・環境 | 企業内部の状況・環境
(悪い結果)をもたらす原因 → 損失(悪い結果) → 企業
```

↓ 社会の潮流を見極める　　↓ 経営資源の健全化を意識する

↓

ERM（Enterprise Risk Management：全社的リスク管理体制）の構築へ：リスクマネージャーの役割が重要！

　図表3－2の内容を補足説明すれば，「外面的には，現在社会の潮流を把握して，とくに動態的リスクの見極めができるような組織横断的なリスク管理体制」を構築することであり，「内面的には，経営資源の健全化を意識した組織横断的なリスク管理体制」の構築である。

　そして，これらの組織横断的なリスク管理体制の中で，"リスクマネージャー（あるいは CRO：Chef Risk Officer)"の存在が大きく注目されるときが近い将来訪れることも間違いないだろう。事実，CRO の認知度は日本ではまだまだ低いが，「大企業や金融業を中心に CRO の任命は増えつつ（兼任含む）ある」[3]からである。

2．全社的リスク管理（ERM）の意義

　全社的リスク管理（ERM）の大まかな概念について，筆者独自の

観点に基づいて前述したが，正式には米国で COSO（トレッドウェー委員会組織委員会）フレームワーク(注2)として公表された「内部統制フレームワーク（3つの目的と5つの要素）」をベースに2004年9月から本格運用段階に入った「ERM フレームワーク」を示すことが多い。この場合，ERM は「総合的なリスクマネジメント・システム」として厳密な枠組みが提供されており，4つの目的と8つの構成要素から構成されている4)（図表3－3参照）。

図表3－3　COSO フレームワークと ERM フレームワークの関係

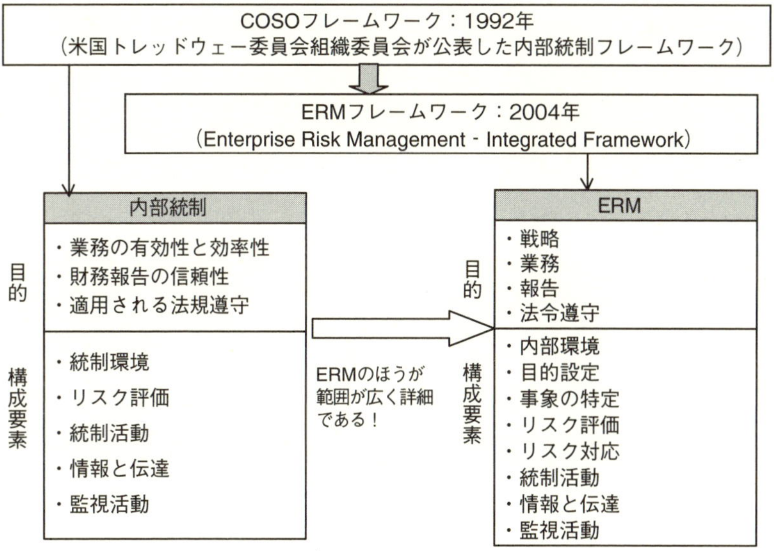

```
        COSO フレームワーク：1992年
（米国トレッドウェー委員会組織委員会が公表した内部統制フレームワーク）
                    ↓
        ERM フレームワーク：2004年
    (Enterprise Risk Management - Integrated Framework)
```

	内部統制		ERM
目的	・業務の有効性と効率性 ・財務報告の信頼性 ・適用される法規遵守	目的	・戦略 ・業務 ・報告 ・法令遵守
構成要素	・統制環境 ・リスク評価 ・統制活動 ・情報と伝達 ・監視活動	構成要素	・内部環境 ・目的設定 ・事象の特定 ・リスク評価 ・リスク対応 ・統制活動 ・情報と伝達 ・監視活動

ERM のほうが範囲が広く詳細である！

（注2）COSO（トレッドウェー委員会組織委員会）フレームワーク

　1992年に米国の COSO（the Committee of Sponsoring Organizations of Treadway Commission）が公表した内部統制のフレームワークである。今日では事実上の世界標準になっている。

つまり，「ERM フレームワークは COSO の内部統制フレームワーク

から発展したもの」である。もともとCOSOは，企業の粉飾決算による企業破綻をきっかけに1985年に「企業倫理の強化」，「法令遵守（＝"コンプライアンス"：コーポレートガバナンスの基本原理の1つ)」,「コーポレートガバナンス(注3)」,「内部統制」などを通じて民間企業の財務報告の質の向上を目的に設立された経緯があるので，ERMフレームワークも当然，前述した企業の不祥事の防止対策としてその有効性が期待されるところである。

(注3) コーポレートガバナンス
　企業統治と翻訳され，企業の内部牽制の仕組みや不正行為を防止する機能である。内部統制よりも概念は広い。

具体的なリスクマネジメント活動の視点から見ても，ERMの構成要素の中には「リスク評価」と「リスク対応」が明確に含まれているので，ERMは単なる理念レベルではなく，「具体的な全社的リスク管理活動」としてもその効果が期待される。

3．リスク管理の側面から見たERMと日本版SOX法との関係

米国では，「エンロン事件(注4)」や「ワールドコム事件(注5)」など1990年代末から2000年代初頭にかけて頻発した不正会計問題に対処するために，企業改革を狙った法律として「SOX法（サーベンス・オクスリー法）」が誕生している（2002年7月に成立）。この法律も，前述したCOSOがその原点になっている。したがって，SOX法は単なる会計や財務報告だけではなく，コーポレートガバナンスや内部統制まで踏み込み，広い範囲で規制強化を図ろうとした狙いが根底にあ

る。

(注4) エンロン事件
　エンロン（Enron Corporation）は，米国テキサス州ヒューストンに存在した総合エネルギー取引とITビジネスを行う企業である。2000年度には全米売上げ第7位という大企業に成長し，2001年には21,000名ほどの社員を抱えていた。しかし，"巨額の不正経理・不正取引が明るみに出て"，2001年12月に破綻に追い込まれた。破綻時の負債総額は160億ドルを超えるといわれている。

(注5) ワールドコム事件
　米国の大手通信会社であり，インターネット時代の寵児であった「ワールドコム（WorldCom）」が起こした粉飾決算事件である。ワールドコム社が，インターネットバブルの崩壊に伴う株価暴落による損失を食い止めようとして，当時のCEOを中心とした同社のトップが，2001年から2002年にかけてEBITDAを水増しし，本来赤字決算だったものを黒字に見せかけるという粉飾決算を行ったスキャンダルである。
　同社は2002年7月21日に経営破綻しているが，その負債総額は410億ドルに上るともいわれ，米国史上最大の経営破綻と呼ばれている。

　このように，ERMフレームワークだけでなく，SOX法もその原点はCOSOにあるわけである。したがって，前述したERMフレームワークがしっかり構築されている企業は，SOX法への対応もしっかりできるだけの素養が身についているというのが1つの見解になるだろう。
　ところで，このSOX法は米国だけでなく，日本でも企業の不祥事が後を絶たないことを受けて，いわゆる「日本版SOX法（正式には"改正証券取引法"）」として2006年3月に国会へ提出され，同年6月に成立している。

日本版SOX法の場合もコーポレートガバナンスや内部統制の仕組みづくりが必須であり，日本版SOX法では，さらにその過程でITベースでの業務の効率化・有効性の実現も要求されることになる。日本版SOX法の場合も，ERMフレームワークがしっかり構築されている企業であれば，問題なく対処できるはずであるというのが大筋の見解であろう。

4．全社的リスク管理活動（ERM）の真のあり方とは

　第2節，第3節を通して述べてきたことは，一言でいえば，"企業のあるべき姿"を追求し，"理想的な全社的リスク管理"を実践して，企業の不祥事を根本的になくそうということである。もちろん，大方のERMやSOX法の専門家（学者やコンサルタントなど）も基本的には同じ主張であろう。
　しかし，ここで忘れてはならないことは，"われわれ人間は基本的には不完全な存在"であり，"日々理想的な道筋で活動ができる人は少ない"ということである。また，前述したCOSOフレームワークやERMフレームワーク，あるいはSOX法などはすべて米国で誕生したものであり，西洋風の制度を，国の文化も企業人の気質も違う日本で"そのままのかたちで導入"しても，理想どおりに事が運ぶとは限らないということをここで強調しておきたい。
　たとえば身近な例として，すでに導入が進んでいる"ISO9000やISO14000"について考察してみよう。実はこの制度も"品質や環境の面に特化した"リスク管理活動の1つとみなせるが，この制度も欧州から導入が始まった経緯があり，中小企業も含めてすでに多くの企業で導入が進んでいる。しかし，ISO9000を導入しても品質トラブルにか

かわるリスクが劇的に減ったという報告はないし，ISO14000の導入にかかわる環境リスクも同様である。

　むしろ，"制度のかたちにこだわり"，単に企業のイメージアップの手段として導入した企業は，その後の制度の維持管理に手一杯で，本来のリスクマネジメント活動が置き去りにされている可能性のほうが高い。

　さらに直接的な言い方をすれば，ISO9000やISO14000を導入しても不祥事や事故を起こしている企業が後を絶たないのではないかという"心配"を払拭できない。この件に関しては，明確な証拠はないが，「リコール隠しをしたM自動車メーカー」や「牛肉偽造事件を起こしたY食品会社」をはじめ，「ガス給湯器事故のP社」にしてもISO9000やISO14000は"一種の常識"として導入していたのは間違いないだろうから，かなりの確率で上述した心配は核心を突いているような気がする。その意味では，逆に不祥事や事故を起こして社会に迷惑をかけた最近の企業の中で，まったくISO9000/14000を導入していなかった企業（無関心企業）はどの程度存在するのか興味あるところである。

　このような筆者の主張に対して，ISO9000/14000は個別のリスク管理にすぎないため企業全体から見たら効果が発揮できないのであって，だからこそ「総合的リスクマネジメントシステムとしてのERMフレームワーク"の導入が最重要なのだ」という意見が，専門家（ERMやSOX法関係の学者やコンサルタント）サイドから出てくるであろう。

　このような意見に対して，筆者は反論する気はサラサラないが，やはり"リスク管理の制度というかたち"を構築していくのは，まぎれもなく"ヒューマンとしての社員"であるという事実を忘れてはなら

ないということである。したがって，「ヒューマンの活動視点からリスクマネジメントのあり方」を考察することも重要である（この点に関しては，改めて第5章で詳しく触れる）。

なお，"ヒューマンとしての社員"は，各国の文化に根づいたユニークな特性も備えている。とくに欧米（とりわけ米国）は，マニュアル・文書化による従業員の管理が容易に行える文化が主流であるが，日本の場合は現場担当の創意工夫が企業の活性化を促進し，それが結果的に不祥事や事故を未然に防いできた側面もある。したがって，制度のかたちにこだわることは基本的には大切であるが，あくまでも制度以上にそれを運用する人間（社員）の"周囲の環境変化に臨機応変に対応しようとする姿勢"がより本質的に重要である。

なぜならば，"リスクマネジメント活動"は，いったん，あるリスク管理体制をつくっても，"新たなリスクに対応していくためのアップデートしていく努力"が常に求められるからである。したがって，筆者の見解（というよりは主張点）としては，日本人の現場運用能力である一種の臨機応変性を尊重しつつ，常にリスクに対する感受性を磨く訓練が最重要課題なのではないかと感じている。

したがって，必ずしも米国流のERMフレームワークのかたちにこだわらずとも，前述したような思考のもとで日本独自の全社的リスク管理が推進できれば，企業に蔓延しがちな"見た目のかたち"よりも"実践的なリスク管理の姿勢"を重視したリスク管理活動が達成できると筆者は考えている。

具体的には，"社会の潮流を機敏に察知（**図表3－1参照**）"して，企業の保有する経営体制（とくに製造業の場合はコア・テクノロジーたる技術）との間で将来発生するかもしれない"ミスマッチ＝未来の進化型リスク"に柔軟に対応できるような"実践的な全社的リスク管

理活動"を構築することである（図表3－4参照）。

いずれにせよ，制度以上にそれを運用するヒューマン（社員）の"周囲の環境変化に臨機応変に対応しようとする姿勢"が重要なのであり，その前提のうえでリスク管理活動を推進できた企業こそが，日本版SOX法（2008年4月1日から適用開始）にも対処していける企業ということになるだろう。

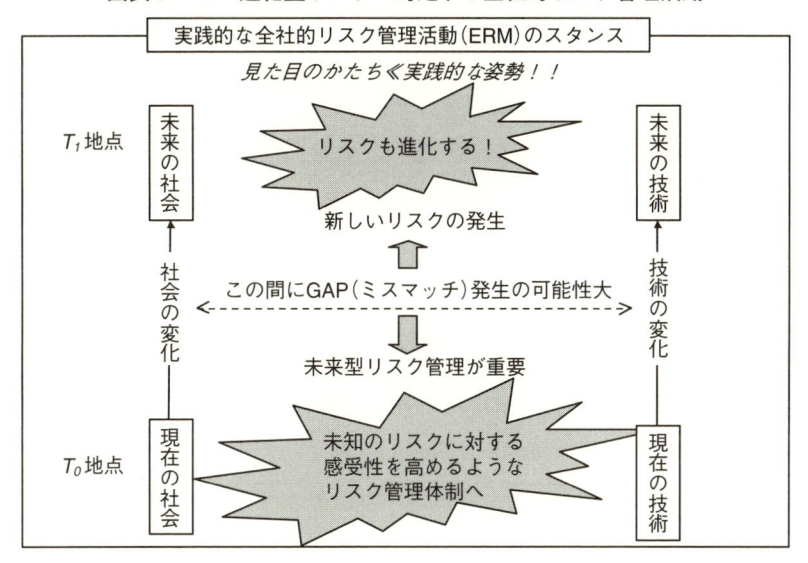

図表3－4　進化型リスクへ対処する全社的リスク管理活動

実践的な全社的リスク管理活動（ERM）のスタンス

見た目のかたちぐ実践的な姿勢！！

T_1地点　未来の社会　　リスクも進化する！　　未来の技術

新しいリスクの発生

社会の変化　←この間にGAP（ミスマッチ）発生の可能性大→　技術の変化

未来型リスク管理が重要

T_0地点　現在の社会　　未知のリスクに対する感受性を高めるようなリスク管理体制へ　　現在の技術

今まで述べてきたことを踏まえて，"活きたリスクマネジメント"を展開していくための企業のあり方を概念的に整理すると**図表3－5**のようになる。この図表を見てもわかるように，リスク管理がうまくいくか否かは，"究極的には社員一人ひとりのリスクに関する意識向上"にかかっているということである。この大前提なくしてERMも内部統制も，あるいは日本版SOX法の効果もありえないであろう。

なお，未来の進化型リスクの管理をはじめとして，「社員一人ひと

りのリスクに関する感受性を高める」には，本書の第2部で紹介する「逆転発想による創造的リスクマネジメント」[5]が有効であることをここで一言触れておく。

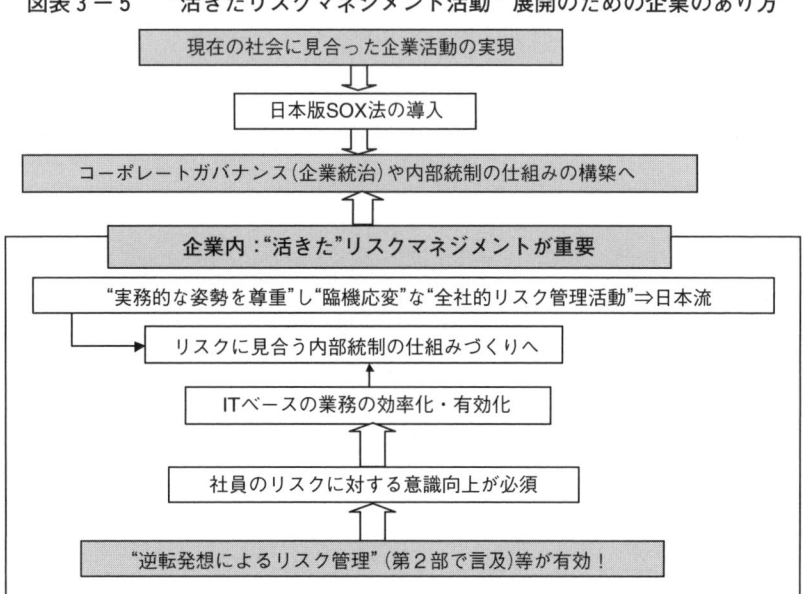

図表3-5　"活きたリスクマネジメント活動"展開のための企業のあり方

```
┌─────────────────────────────┐
│  現在の社会に見合った企業活動の実現  │
└─────────────────────────────┘
              ⇑
       ┌──────────────┐
       │ 日本版SOX法の導入 │
       └──────────────┘
              ⇑
┌────────────────────────────────────────┐
│ コーポレートガバナンス(企業統治)や内部統制の仕組みの構築へ │
└────────────────────────────────────────┘
              ⇑
┌─────────────────────────────────────────┐
│ 企業内："活きた"リスクマネジメントが重要             │
│         ⇑                              │
│ "実務的な姿勢を尊重"し"臨機応変"な"全社的リスク管理活動"⇒日本流│
│         ⇑                              │
│   リスクに見合う内部統制の仕組みづくりへ            │
│         ⇑                              │
│      ITベースの業務の効率化・有効化             │
│         ⇑                              │
│      社員のリスクに対する意識向上が必須            │
│         ⇑                              │
│ "逆転発想によるリスク管理"(第2部で言及)等が有効！     │
└─────────────────────────────────────────┘
```

5．全社的リスク管理活動（ERM）とブランドリスク

　前節で述べたように，全社的リスク管理活動（ERM）は"活きたリスクマネジメント"活動が大前提である。つまり，"ヒューマンとしての社員"が，「リスクに対する感受性が高い状態」で機能してこそ，「ERMの体制＝形」が活きるのである。これが機能していない"不活性状態"になると，今まで紹介してきたような不祥事は遅かれ早かれ必ず起こる。

第3章　企業経営レベルのリスクマネジメント活動　67

　その結果，不祥事を起こした企業は「リピュテーションリスク（風評被害）」に巻き込まれ，IT社会の現代では，昔とは比較にならないほどのスピードで信頼性を損なってしまう。

　これは大企業といえども例外ではない。つまり，現代社会でのリピュテーションリスクは，長い年月をかけて築き上げてきた「ブランド価値」を崩壊させるのである。すなわち，「リピュテーションリスクは，まさに"ブランドリスク"でもある」ことを肝に銘じる必要がある。

　図表3－6に「商品購入の際にブランドが重要視される主な商品分野」を示す。このグラフでのブランドは企業ブランドを指す。このウエイト（％）が大きい商品を扱う企業ほど，企業全体で「ブランドリスクをはじめとした多様なリスクに対する感受性を高めていく努力が求められる」ことを認識しなければならない。

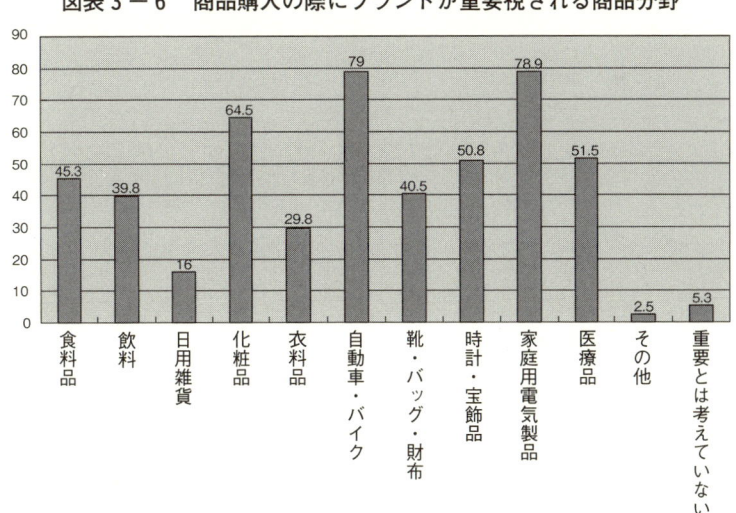

図表3－6　商品購入の際にブランドが重要視される商品分野

商品分野	％
食料品	45.3
飲料	39.8
日用雑貨	16
化粧品	64.5
衣料品	29.8
自動車・バイク	79
靴・バッグ・財布	40.5
時計・宝飾品	50.8
家庭用電気製品	78.9
医療品	51.5
その他	2.5
重要とは考えていない	5.3

出典：参考文献6)

【参考文献】
1) 産経新聞朝刊，2006年8月24日の関連記事
2) 伊藤邦雄，加賀谷哲之「ブランドリスクマネジメントと企業価値」（一橋ビジネスレビュー2006.54巻3号）
3) 前川寛『リスクマネジメント』（ダイヤモンド社，2003）
4) 萩原睦幸『日本版SOX法』（日本実業出版社，2006）
5) 澤口学「逆転発想型機能アプローチによる創造的リスク対策」（(学) 産業能率大学 TRIZ レター2006.No24）
6) 公正取引委員会「ブランド力と競争政策に関する実態調査」（2003）

第4章 職場レベルのリスクマネジメント活動

1．職場に必要なリスクマネジメントとは

(1) リスクマネジメントの4つの形態

「リスク」の意味は決して単一的ではなく，観点によってさまざまな分類が可能である（第1章第2節第5項を参照のこと）ように，「リスクマネジメント」もその人の立場や役割によっていろいろな解釈が可能である。

たとえば，財務担当者は財務管理面での対応として，総務担当者は不可避の事態発生時の対応として，生産担当者は現場の品質管理や安全管理での対応として，経営企画担当者は経営的視点を伴う役割として，自職場が取り組むべきリスクマネジメントのあり方を日々検討している。そういう意味では，職場レベルのリスクマネジメントは，ほぼ世の中の仕事の数だけあるといってもいいかもしれない。

しかし，リスクマネジメントを大きく形態別に分けると，図表4－1のように4つに集約できる[1]といわれている。

「保険管理型リスクマネジメント」と「危機管理型リスクマネジメント」は，主に純粋リスクを対象とするもので，偶発事故への保険の

図表4−1　リスクマネジメントの4形態

リスクマネジメントの形態	
保険管理型リスクマネジメント	組織が抱える"純粋リスク"に対して財務面で対応できるようにすること
危機管理型リスクマネジメント	"不可避の事態(地震など)"が起こった際に組織として対応できるようにすること（防災対策など）
経営管理型リスクマネジメント	"組織事故を発生させないように仕事を遂行する"ことや"経済的損失を回避するように仕事を進める"こと〜日常業務そのもの
経営戦略型リスクマネジメント	"現場が組織事故を起こさない"ように、"経済的損失を出さない"ように"計画・仕組みを整備する"こと

適用や防災を第一に考えるリスクマネジメントである。

　一方、「経営管理型リスクマネジメント」と「経営戦略型リスクマネジメント」は，純粋リスクと投機的リスクの両方を対象としており，いかに合理的，かつ安全にビジネス展開をしていくかを第一に検討していくリスクマネジメントである。

(2)　企業のリスクマネジメントの変遷〜4形態の視点

　企業経営に関するリスクマネジメントは，米国の産業界を中心に進み，リスクマネジメントが一般化したのは1930年代の世界不況以降だといわれている。不況の中をいかに生き延びるかが企業の大命題となり，これを機に純粋リスクに関する保険の効果的な活用方法として「保険管理型リスクマネジメント」が産業界に浸透したのである。

　しかしその一方で，企業間の競争が激化していく中で，企業は保険では対処できない投機的リスクも積極的にマネジメントしていかなけ

ればならない状況になってきた。そこで企業は生産性向上を追う一方で，必然的に「経営管理型リスクマネジメント」も実行するようになっていったわけである。

このような企業発展の歴史とは流れを異にして，1960年代，米ソ冷戦の報道の中に「クライシスマネジメント（危機管理）」という言葉が登場し，企業も「危機管理型リスクマネジメント」も考えるように至っている。

また，1980年代には，企業間の競争上の課題は「どうやって安く大量につくるか」から「何をどのように行えば儲かるか」が重要視されるようになり，「戦略」という言葉が産業界において一般的に使われるようになった。つまり，戦略の良し悪しが企業発展の明暗を分ける時代に突入したわけである。このことは，戦略的な経営を推進するということは，同時に「絶えず不確実性の高いリスクを視野に入れて経営をしなければならない時代になった」ことを意味している。したがって，「経営戦略型リスクマネジメント」も，経営管理型リスクマネジメント同様，企業間競争の歴史の中で必然的に現れたものである。

(3) 効果的なリスクマネジメント活動

われわれが職場で取り組むべきリスクマネジメントはどれなのかと問われれば，すべてということになる。しかしながら，リスクマネジメントを効果的に行うためには，「組織階層」と「組織機能」に合わせた役割分担を行うべきである。

① 組織階層ごとの活動

リスクマネジメント活動を効果的に推進していくには，まず組織を階層的に捉え，「企業（経営）レベル（第3章参照のこと）」，「職場レ

ベル」，そして「個人レベル」の活動が存在することを理解する必要がある。

「企業（経営）レベルでのリスクマネジメント」は，全社を対象としたものであり，経営判断として行うリスクマネジメントである。前章で言及した「ERM（全社的リスク管理）活動」はこのレベルに対応している。この場合，経営トップが最高責任者（CEO）として，現場が的確な行動を行うためのガイドラインを常に明示することが重要である。さらに CEO は，リスクマネジメント推進のための組織体制づくりやリスクマネジメントのプロや専門組織の養成，そして緊急時の指揮命令系統の整備といったことも行わなければならない。また最近では，ERM 活動の中で CRO（Chief Risk Officer）の存在が注目されつつある[2]ので，日本では少数派であるとはいえ，企業によっては CEO の委任を受けて CRO が上述した活動を担うケースもある。

しかし，いずれの場合でも，企業のリスク対応行動の最終責任者は，常に経営トップにあるということを忘れてはならない。

一方，「職場レベルのリスクマネジメント」は，"リスクと常に隣り合わせである"という意味で，「"リスク最前線"としての活動」の意義がある。つまり，リスクマネジメントで直接管理すべきリスク（損失や損失発生の可能性など）のほとんどは現場にあるので，その現場がリスク顕在化の舞台になるケースが多いのである。したがって，各職場（いわゆる"現場"）では，常にリスク発見に努めて改善活動やメンバーに対するリスクマネジメント教育を実施して，リスクの顕在化を防ぐような予防活動が重要になる。

また，「個人レベルのリスクマネジメント」は，リスク最前線にいるものとして，「一人ひとりがリスクを検知する力＝リスクに対する感受性」を向上させていかなければならない。

第4章　職場レベルのリスクマネジメント活動　73

したがって，現場における個人は業務上の単なる歯車であると考えてはならない。あくまでも1人のヒューマンとして，「問題意識の高い個人＝リスクに対する感受性が高い個人」になることが期待されている。また，このような個人レベルのリスクマネジメントでは，ヒューマンエラー等による作業ミスを最小化する努力もその範疇に入る。

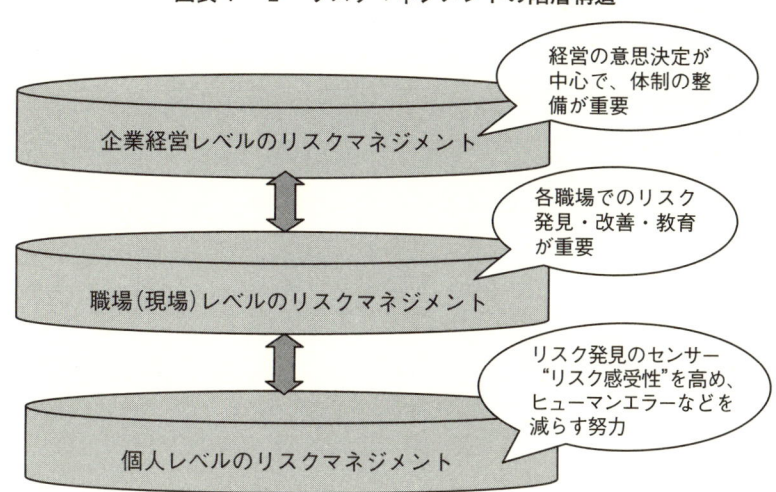

図表4－2　リスクマネジメントの階層構造

企業経営レベルのリスクマネジメント　　経営の意思決定が中心で、体制の整備が重要

職場（現場）レベルのリスクマネジメント　　各職場でのリスク発見・改善・教育が重要

個人レベルのリスクマネジメント　　リスク発見のセンサー"リスク感受性"を高め、ヒューマンエラーなどを減らす努力

② 組織機能ごとの活動[3]

4つのリスクマネジメントの形態を組織機能の観点で整理することも可能である。

たとえば，規模の大きな企業の場合，「保険管理型リスクマネジメント」と「危機管理型リスクマネジメント」については，社内に主管部署が設置されているケースが多く，そこが担当するケースが多い。主管部署の主な役割は，「経営トップが的確な意思決定ができるような材料を作成すること」や，「専門家として全社的な立場から重要な

リスクを発見して，的確なリスク予防方法を提言すること」である。

また主管部署は，現場サイドに対しても大きく2つの役割がある。1つは，「リスクマネジメント導入時の教育」であり，「導入後は各職場が取り組むことを全社的立場で専門家として支援すること」である。

一方，「経営管理型リスクマネジメント」は，各職場（現場）が大きな責任を持って取り組まなければならない活動である。なぜならば，経営管理型リスクマネジメントは，ライン部門の仕事そのものであり，判断ミス，作業ミス，コミュニケーションミスなどのリスクは，現場主体でなければ最適な改善活動ができないからである。つまり，「経営管理型リスクマネジメント」とは「職場（現場）レベルのリスクマネジメントそのもの」であり，すべての社員に直接関わりのあるリスクマネジメント活動ということになる。

そこで次節では，特定の現場（主に製造現場）を想定した「安全管理を中心に据えた現場レベルのリスクマネジメント」について言及することにしたい。

なお，「経営戦略型リスクマネジメント」は，すでに前章で触れた「全社的リスク管理（ERM）の活動体制」をしっかり構築したうえで，その体制のもとで，社会的責任の履行と自社の経営に最も少ないダメージで済む戦略的な活動を実施していくことになる。

③ 個人レベルのリスクマネジメントとヒューマンエラー

②でも述べたように，すべての社員が共通して担うのは「経営管理型リスクマネジメント」であるが，このリスクマネジメントはラインの仕事そのものであるから，リスクの顕在化につながる「ヒューマンエラー」を減らしていく努力が求められる。まさに個人レベルのリスクマネジメントでは，「ヒューマンエラーを減らしながら，ヒューマ

ンである社員のリスクに対する感受性を高めていく活動」が求められる。

　ヒューマンエラーとリスクマネジメントに関しては，次節でも若干触れるが，第5章で改めて体系的に言及する。

2．安全管理にかかわるリスクマネジメント

(1)　現場の安全管理の現況

　多様なリスクの中で，特に安全管理にかかわるリスクマネジメントは，現場の労働災害などに作業員や近隣住民が巻き込まれないようにするための活動である。

　最近の傾向としては，「年間死亡者数は，1961年の6,712名をピークにして減少しており，2005年は1,514名まで減少（第1章第2節第3項で言及）」しているが，その一方で「重大災害発生件数（3人以上の死傷者が発生する事故）は1990年代後半に比較すると，最近は2割近く増加して2005年は265件（第1章第2節第3項で言及）」になっている。この事実から判断すると，現場の安全管理もまだまだ改善の余地はあるとみるべきだろう。

　したがって，「"労働災害ゼロ"を目指して，今まで以上に効果的なリスクマネジメント」を推進していくことが重要である。

(2)　安全管理の基本

　通常，安全管理活動の中では，第一に機械・設備側の安全対策を施すことが何よりも重要である。具体的には，機械・設備にかかわる災害原因の除去を行い，また故障してもそれが重大な人的，もしくは物的な損傷にならないような一種の「フェールセーフ」設計を行うこと

が有効である。また，それとともに，従業員の労働管理や作業管理を再点検し，災害が起こりにくいように「フールプルーフ」などの適切な対策を立てておくこと[4]も忘れてはならない。

とくに，人命を預かる「飛行機や列車」や原子力発電所など「危険が伴う設備施設」等は，「安全設計（安全工学）」や「信頼性設計（信頼性工学）」は必須の知識・手法である。

図表4－3　安全設計とフェールセーフ／フールプルーフの概念
【"人間は不注意な動物である"という前提で安全対策を図る】

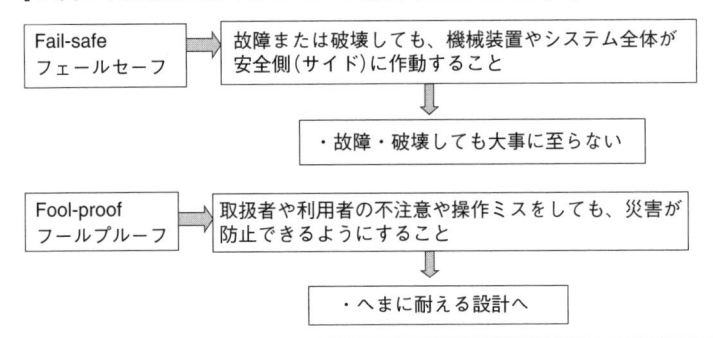

| Fail-safe フェールセーフ | → | 故障または破壊しても、機械装置やシステム全体が安全側（サイド）に作動すること |

↓

・故障・破壊しても大事に至らない

| Fool-proof フールプルーフ | → | 取扱者や利用者の不注意や操作ミスをしても、災害が防止できるようにすること |

↓

・へまに耐える設計へ

"フェールセーフ（**Fail-safe**）"の事例
① 石油ストーブが転倒すると自動的に消火する
② 加圧水型原子炉の制御棒の電源が切れると、制御棒が自身の重さで炉内に落下して自動的に炉を停止させるよう設計してある

"フールプルーフ（**Fool-proof**）"の事例
① ドアを閉めないと加熱できない電子レンジ
② ギアがパーキングに入っていないとエンジンが始動しない自動車

---

(3) ヒューマンエラーの防止と安全管理活動のすすめ

前述したように，「"人間は不注意な動物である"との大前提のもとで安全対策を機械・設備側に施す」ことは必須事項であるが，安全設計にも必ず資金的な限界があるため，100％機械・設備側にリスクマネジメントを肩代わりさせることは不可能である。したがって，危険

が伴う対象システムに対して、企業サイドでは「リスク移転」を考えて、各種災害保険に入ることになる。これは「保険管理型リスクマネジメント」活動の一部である。

しかし、ここで強調したいのは、むしろリスクを回避するためには従業員自らが災害防止を目指して、積極的に安全管理活動に参画することが重要であるという点である。

というのも、どんなに危険な作業でも、日常的に現場作業をこなしていると、いつの間にか作業に馴れてしまい、周囲の危険に対して感度が下がり、「ポカミス（ヒューマンエラー）」を起こす確率が知らず知らずのうちに高まってくるからである。

もちろん機械・設備側の安全対策でリスクが顕在化しないことも多いが、現場作業員の危険に対する感度が極端に下がると、機械・設備側の想定外のミスを人間が引き起こし、大災害に至るケースも少なからず存在するのである。そこで、とくに危険作業を伴う現場では、従業員の安全管理活動の一環として従来から「KY（危険予知）訓練や活動」などを導入するケース（主に危険作業が伴う製造現場や建設工事現場を所有する企業など）が多い。

① KYT（危険予知訓練）の概要

イラストや写真を利用して作業に関係する危険箇所や危険行動の直接原因を視覚的に見つけ、その対策を考える訓練である。これは現場でKY（危険予知）がスムーズに行えるように事前に訓練するものである。

こうした直接原因もさることながら、家庭内の悩みなど間接的な要因によっても、足場を踏み外して転落するなどの災害が発生するケースもあるので、KYT（危険予知訓練）では、多種多様な事故事例から学ぶことが奨励される。図表4－4にKYTの基本手順を示す。

図表4－4　KYT（危険予知訓練）の基本活動ステップ

| ステップ1：事実の把握 |
| どんな危険が潜んでいるか(写真・イラストを見て、危険要因を想定する) |

↓

| ステップ2：本質(原因)の探求 |
| 重要な危険要因(本質的危険要因)を絞り込む |

↓

| ステップ3：対策の立案 |
| 重要な危険要因から発生する可能性の高い危険を防止するための対策案を検討する
(ブレーン・ストーミング等を活用する場合が多い) |

↓

| ステップ4：活動計画の決定 |
| 最適な対策案に絞り込んで、実践に移行するためのチーム活動目標等を立案する |

② KYK（危険予知活動）の概要

　KYKは，その日の実際の作業開始前に行うものであり，起こる可能性のある災害を想定し，その防止対策案を立案することによって災害を未然に防止する手法である。

　KYKでは，その不安全状態や不安全行動に対しての対策が現実的でわかりやすく，作業員の危険に対する感受性を高める効果がある。具体的には，災害の未然防止案の検討に「過去のヒヤリ・ハットの体験」や「災害事例を活かすような工夫」がなされていることが多い。

(4)　ヒヤリ・ハットと日常点検の徹底

　前述したように，機械・設備側の安全対策が万全であれば，かなりの確率でリスクの顕在化を回避し，瀬戸際で事故・災害を防げることは確かだが，だからといって大事に至らなかったことを反省もせず，忘れ去ってしまうという行動をとり続けると，いつか「Xデー＝大惨事」が現実のものとなってしまう。したがって，日ごろの日常点検が大切であり，「ヒヤリ・ハット（ヒヤリとしてハットすること。安全

用語の１つ)」を見逃さず，ヒヤリ・ハットの段階で最悪の事態を可能な限り想像し，場合によっては対策の検討を行い，それを実行していくことも重要である。なお，ヒヤリ・ハットの背景には「ハインリッヒの法則」があることも認識してほしい。

　ハインリッヒの法則とは，1931年，米国の保険会社員だったハインリッヒという人が過去に起こった労働災害事故約55万件を調べ，重大事故0.3％，軽事故8.8％，障害なし（ヒヤリ・ハット）90.9％という比率を発見した[5]ことに端を発している。つまり，「１件の重大事故の裏には29件の軽事故があり，29件の軽事故の裏には300件のヒヤリ・ハットがある」という法則のことであり，「１：29：300の法則」と呼称する場合もある。

　この法則から学習すべきことは，300件のヒヤリ・ハットで１件の重大災害が発生するということが，極めて高い確率（300分の１）で

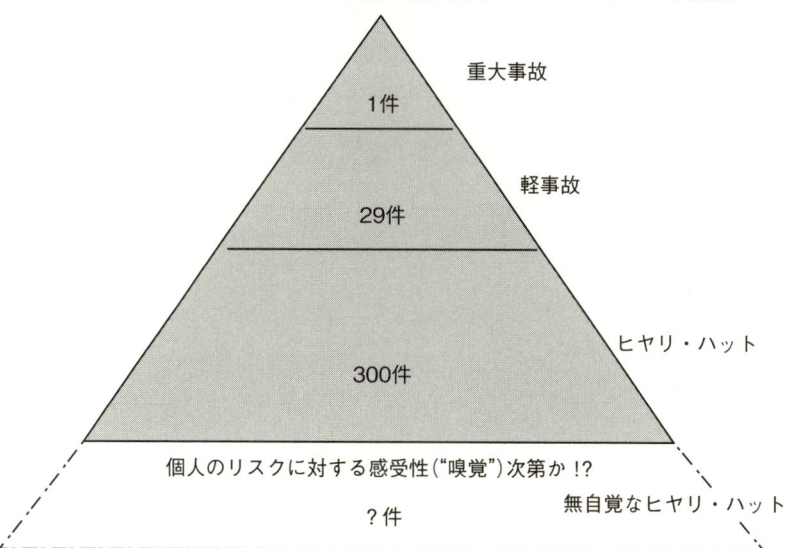

図表４－５　ハインリッヒの法則と無自覚なヒヤリ・ハットの関連図

```
                    ／＼
                   ／  ＼    重大事故
                  ／1件 ＼
                 ／――――＼    軽事故
                ／  29件   ＼
               ／――――――――＼
              ／             ＼  ヒヤリ・ハット
             ／    300件      ＼
            ／―――――――――――――＼
         個人のリスクに対する感受性("嗅覚")次第か !?
                   ？件          無自覚なヒヤリ・ハット
```

あるということである。さらに、ヒヤリ・ハットの300件はあくまでも自覚したものだけであることを考えれば、その背景には「無自覚なヒヤリ・ハット」も相当数あるはずである。

現場の安全管理のウエイトが相対的に高いある製錬会社では、現場の作業員の「リスクに対する感受性（あるいは"嗅覚"という場合もある）を高める」手段として、「不祥事に関するリスクをゲーム感覚で体感する"リスク管理研修"」を検討・実施している。これなどは、研修参加者に配布されるのは「工場の排水経路か製造工程のイラストとわずかな基本情報だけ。不祥事のリスクがどこに潜み、どう対策を打てば防げるか5～6人でチームを組んで探り出す[6]方式」である。

このような研修によって、安全管理上のヒヤリ・ハットを減らし、ヒヤリ・ハット自体に対する"気づきを高める効果"も期待できる。このケースなどは、ある種「KYT（危険予知訓練）の発展版」ということもできるだろう。

いずれにせよ、ヒヤリ・ハットの段階でいかにリスクを回避する手立てができるかが安全管理活動では最重要課題なのである。しかし、残念ながら、この活動を怠ったがために大事故に至ってしまうケースもある。

1つの事例を紹介しよう。それは「2004年3月26日に発生した六本木ヒルズでの自動回転ドアによる児童死亡事故」である。この事故のその後の調査で判明したのは、死亡事故に至るまで32件の事故があり、まさにハインリッヒの法則に近い結果が現実に起こっていた[7]ということである。

この事実から得られる教訓は、ビル運営の経営トップに事故報告が発生時点できちんと上がっていれば、回転ドアのメーカー側の責任で

適切な対応（たとえば，回転ドアのスピード調整，危険箇所への緩衝材挟み込み，警備員配置など）ができたはずであるということである。

このことから，いかに日ごろの日常点検・報告活動が重要であるかがわかるだろう。しかし，現場のリスクに対する感受性が低いと，この事例のように，最後の大事故が起こるまで経営トップに報告が行かないということになってしまう。このことを肝に銘じて，ヒヤリ・ハットの段階でリスクに対する対策を検討する習慣を身につけることが重要である。

図表4－6　ハインリッヒの法則と日常点検の重要性

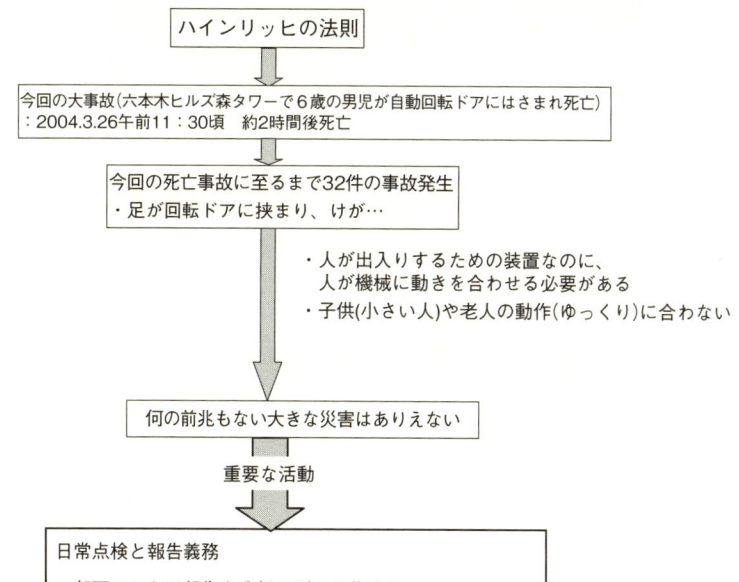

```
┌─────────────────┐
│  ハインリッヒの法則  │
└─────────────────┘
          │
          ▼
┌──────────────────────────────────────────────┐
│ 今回の大事故（六本木ヒルズ森タワーで6歳の男児が自動回転ドアにはさまれ死亡）│
│ ：2004.3.26午前11：30頃　約2時間後死亡              │
└──────────────────────────────────────────────┘
          │
          ▼
┌────────────────────────────┐
│ 今回の死亡事故に至るまで32件の事故発生 │   ・人が出入りするための装置なのに，
│ ・足が回転ドアに挟まり、けが…     │     人が機械に動きを合わせる必要がある
└────────────────────────────┘   ・子供(小さい人)や老人の動作(ゆっくり)に合わない
          │
          ▼
┌────────────────────────────┐
│ 何の前兆もない大きな災害はありえない │
└────────────────────────────┘
          │重要な活動
          ▼
┌────────────────────────────┐
│ 日常点検と報告義務                │
│ ・部下のヒヤリ報告を分析しデータ化する │
│ ・日々のパトロール点検の内容をデータ化する│
│ ・作業者の改善提案や苦情を聞く      │
└────────────────────────────┘
```

(5) 失敗学のすすめ

　前述したように，安全管理をはじめとしてあらゆるリスクマネジメント活動では，現場で働く従業員の「リスクに対する感受性を高める努力」が要求される。そのための手段として「KYT（危険予知訓練）」や「KYK（危険予知活動）」などを導入する企業も多いし，「リスクをゲーム感覚で体感する"リスク研修"」なども紹介されている。

　しかし，これらのアプローチ（主に KY 研修など）は，一定の効果はあるものの，一方では"内部事例に限定された活動"になるので，時間経過による慣れ（いわゆるマンネリ化）が阻害要因になり，形式化しやすいという欠点が指摘される場合もある。

　そこで，最近注目されているのが，自社の事例だけに限定するのではなく，業界を飛び越えて「過去の失敗事例から学び，類似の失敗は自社で起こさないように対策を考える」という「失敗学」のアプローチである。

　この考え方は畑村洋太郎氏によって提唱された考え方[8]であり，「失敗学会」まで設立されている。この学会（NPO 法人）では，学術分野の人だけでなく，むしろ産業界の会員を広く集め「各業界の失敗事例の集積とその原因解析」が進められている。このアプローチは，「人のふり見てわがふり直せ」を実行するために，過去の他人の失敗知識を収集し，それをわがふりを直すのに活用することが最大の特徴であろう。

　なお，このアプローチは「人類初の事故というのは科学の進んだ現在はほとんど存在しない」ことを前提にしている[9]ので，本アプローチでは，過去の失敗分析は非常に重要な手段という位置づけになっている。

　もちろん，このアプローチを着実に行っていけばリスク回避の効果

もかなり期待できるであろうし，何よりも「失敗に対する見方も広角的になるので，結果的にリスクに対する感受性もある程度高まる」ことは間違いないだろう。しかし，業界を飛び越えた膨大な失敗事例を一企業だけで収集するのはとても無理なので，失敗学会の今後の研究成果に期待するところが大きい。

また一方では，「人のふり見てわがふり直せ」といわれても，"わが身をつねって人の痛さを知れ"という諺があるように，自分の血にはならないのではないか」という意見がある[5]のも事実である。

しかし，筆者自身は失敗学のアプローチそのものを否定するつもりはない。ケースによっては，ナレッジマネジメントの観点からも本手法を活用する意義はあると考えている。

しかし，どんな人でも自社業界以外の過去事例を見て，類比的に自社テーマに関連づけて検討できるかと問われれば，なかなか難しい面もあろうし，人類初とまではいえなくとも，かなり"新手のリスク"がIT産業を中心に頻発しているのもまた事実である。

したがって，未知の新手のリスクに対処するには，"過去の失敗事例の学習"以外の方法もあってよいのではないかと筆者は考えている。実はその1つに，筆者が提唱する「逆転発想によるリスクマネジメント」がある。

このユニークな方法論に関しては第2部で大きく取り上げ，詳しく紹介するが，本手法の特徴をここで簡単に紹介すれば，以下のとおりである。

> **【逆転発想によるリスクマネジメント】とは**[10]
> "悪さを実現するアイデアを最初に創造"し,"その悪さが未来に向けて実現可能性が高い場合"は,過去の実績とは関係なく,"悪さが実現化しないように未来に対して対策を立案し",リスクに備えるという考え方であり,アプローチである。

この考え方が身につけば,(近)未来に対して「リスクに対する感受性が飛躍的に高まる」ことは間違いない。

【参考文献】
1) 亀井利明『危機管理とリスクマネジメント(改訂増補版)』(同文舘出版,2001)
2) 前川寛『リスクマネジメント』(ダイヤモンド社,2003)
3) 澤口学,竹村政哉「リスクマネジメントの基本」((学)産業能率大学通信教育テキスト,2006)
4) 近藤次郎『安全を設計する(BLUE BACKS)』(講談社,1979)
5) 田辺和俊『ゼロから学ぶリスク論』(日本評論社,2005)
6) 日本経済新聞,2005年5月26日「こちら人事部 第4部 研修に一工夫②」
7) 産経新聞,2004年4月4日「回転ドアの安全性」
8) 畑村洋太郎『失敗学のすすめ』(講談社,2000)
9) 中尾政之「失敗学 似たような失敗が思い出せるか」(一橋ビジネスレビュー 2006.54巻3号)
10) 澤口学「逆転発想アプローチによる創造的リスク対策とその有効性Ⅱ」((学)産業能率大学,2004)

第5章 ヒューマンエラーとリスクマネジメント

1．ヒューマンエラーとは

　「ヒューマンエラー」とは，人間の起こす誤りのことで，見間違いや操作ミス，判断ミスなどを指す場合が多い。このようなミスは注意しても完全には防ぐことはできないミスである。

　したがって，ヒューマンエラーによる事故では，人災ではあっても，決して失敗した当人を事故の直接原因として叱責してはならない。あくまでも，「人間は，どんなに優秀な人が，どんなに気をつけていても，ミスを犯すものである」との前提に立って，どうしたら失敗を防げるか，事故を防止できるのかを徹底して考えることがヒューマンエラーでは重要である。

　図表5－1は，どのようなリスクにも人間（ヒューマン）は必ずかかわるので，リスクの防止や最小化にはヒューマンエラー対策も重要であることを示した概念図である。

図表5－1　リスクとヒューマンエラーの関係[1]

どのようなリスク(危険)にも必ず人間は直接・間接にかかわっている

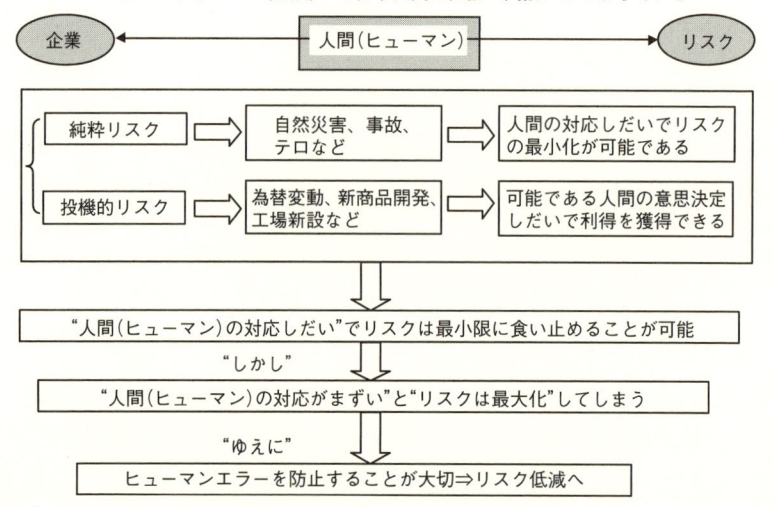

```
企業 ←―― 人間(ヒューマン) ――→ リスク
```

純粋リスク →	自然災害、事故、テロなど →	人間の対応しだいでリスクの最小化が可能である
投機的リスク →	為替変動、新商品開発、工場新設など →	可能である人間の意思決定しだいで利得を獲得できる

↓

"人間(ヒューマン)の対応しだい"でリスクは最小限に食い止めることが可能

"しかし"
↓

"人間(ヒューマン)の対応がまずい"と"リスクは最大化"してしまう

"ゆえに"
↓

ヒューマンエラーを防止することが大切⇒リスク低減へ

(1) ヒューマンエラーの定義

ヒューマンエラーとは人間の起こす誤りであるが，これを簡単に定義づけると以下のように表現できる[2]。

【ヒューマンエラー】とは

「"やるべきこと"を"やれなかった・やらなかった"こと」である。

「やるべきことを"やれなかった"」ということは，能力不足ばかりではなく，うっかりミスも含まれる。しかし，ここでもう1つ忘れてはならないのは，「やるべきことを"やらなかった"」のもヒューマンエラーに含まれるということである。

われわれ人間は，社会的な動物であることから，環境から強い影響を受けている。したがって，"やるべきこと"を頭の中では理解できていても，行動にできない場合もあるのである。それゆえ，ヒューマンエラーを検討するときには，個人単位だけでなく，その環境（企業

組織など）も含めて考える必要がある。

(2) 環境（組織の発展）とヒューマンエラーの関係

ヒューマンエラーを，その個人が所属する「"企業組織"という"環境"」との観点から検討してみよう。実は，すべての産業は「萌芽期」，「成長期」，「成熟期」，「衰退期」をたどって興亡するといわれており，とくに成熟期の産業で働いていると，従業員は，往々にして従来からのやり方を変えようとせず，従来の枠にとらわれるようになってくる傾向が強い。

ところで，一般的に萌芽期～成長期への転換点（ターニングポイント）から成熟期～衰退期への転換点は，産業分野にかかわらず約30年といわれている[3)4)]。したがって，今の日本は，高度成長期から30年以上経ったことを考えれば，成熟期（あるいは衰退期）に入った産業が多いと考えることができる。

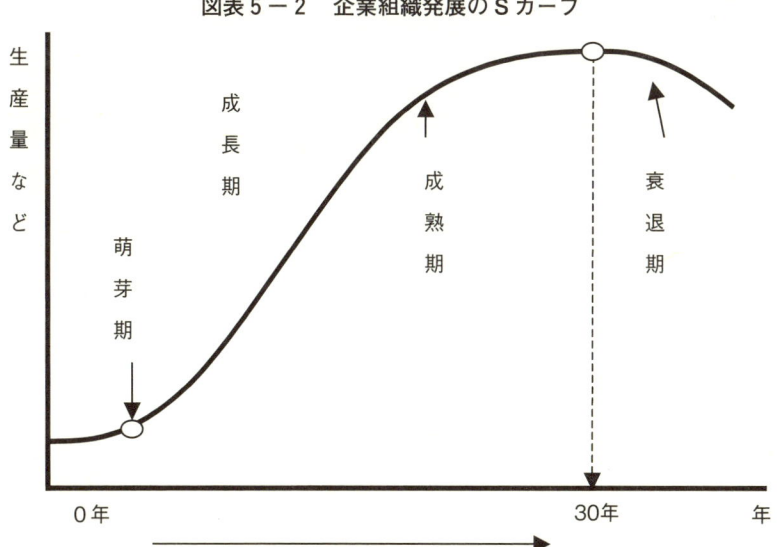

図表5－2　企業組織発展のSカーブ

なお，図表5－3はSカーブの各ステージの特徴をまとめたものである。つまり，組織が成熟期から衰退期にさしかかると，内部的には慣れが生じ，外部的には環境の変化を認識できなくなる。このことがヒューマンエラーを激増させる"一種の触媒"となってしまう。つまり，仕事に対する過度の慣れは，外部の環境変化に対して"不感症"になるといっても過言ではない。

図表5－3　Sカーブ各ステージの組織の特徴

各 段 階	組 織 の 特 徴
萌芽期	若い組織～発展途上の組織
成長期	組織の中での役割分担が建前上はあるものの，お互いがよい意味で干渉しあっており，俺が改善しようという積極的な動きになっており，組織の中で抜けがない状態である。
成熟期	年老いた組織～成熟した組織
衰退期	組織の中での役割分担は建前上きっちり分かれている。しかし，だれも他所から干渉されたくないので，自分のシマを主張して，組織上の隙間の部分は誰かがやるだろうと考えて抜けが出てしまう。

したがって，成熟期以降にある産業では，効果的なヒューマンエラー防止のマネジメント体制を早急に整え，同時に，時代に即したより柔軟な組織へ切り換え（次世代のSカーブを生み出す革新的な新組織の誕生）を図る必要もある。

今までたびたび紹介してきた不祥事や事故（図表2－8参照）でも，組織内部で現場の従業員が事故報告を隠蔽した結果，世間への公表が大幅に遅れ，コンプライアンス経営の失敗にまで拡大して企業イメージを大きく損ねるケースが多々あった。これなどはまさに，"やるべきこと（法令遵守など）"を，"周りの硬直化した環境（官僚化した組織）"の影響で，"行動に移せなかった（隠蔽した）"典型的な

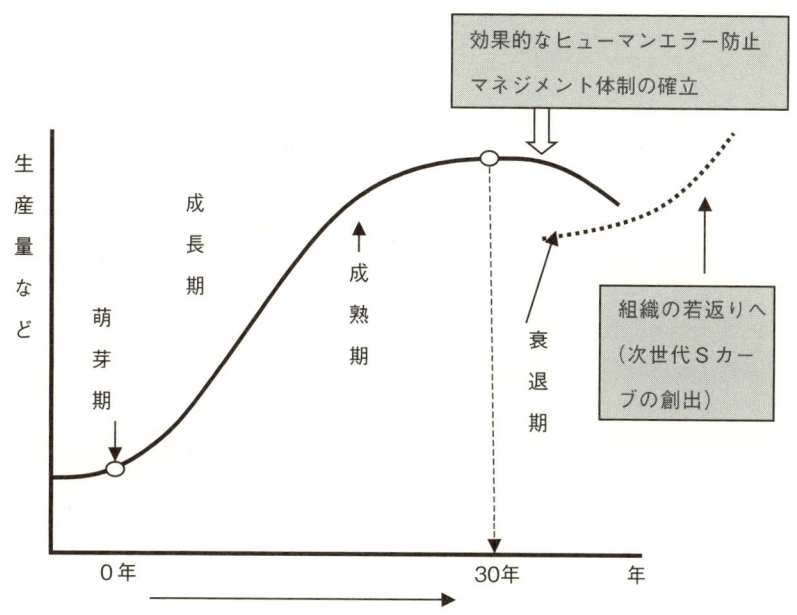

図表5－4　Sカーブから見たヒューマンエラー防止のマネジメント体制の確立時期

グラフ：縦軸「生産量など」、横軸「年」（0年～30年）。Sカーブに沿って「萌芽期」「成長期」「成熟期」「衰退期」が示される。成熟期の頂点付近に「効果的なヒューマンエラー防止マネジメント体制の確立」の注釈。衰退期から点線で上昇する曲線があり、「組織の若返りへ（次世代Sカーブの創出）」と注記。

ヒューマンエラー絡みの不祥事であると解釈することもできる。このようなコンプライアンス経営の失敗にまで行き着いてしまう企業の大半は，歴史ある大企業といわれる成熟産業に多いのも事実である。

したがって，ヒューマンエラーには組織という環境が大きく影響することを忘れてはならない。

(3) ヒューマンエラーの仕組み

1つは，「人間は生物としての"仕組み"を持っており，この仕組みが原因でエラーを起こすことがある」ということである。つまり，人間には「錯覚といわれる現象」があるので，これらの人間の仕組みを十分理解したうえで，理屈に合った業務システムを構築するという

ことである。

2つ目は、「ヒューマンエラーは原因ではなく、"結果"である」と考え、どんな事柄が人間のミスを導いたのかを検討することも重要である。

なお、**図表5－5**は、ヒューマンエラー対策2つの原則を図解したものである。

図表5－5　ヒューマンエラー対策2つの原則

ヒューマンエラー対策2つの原則
- ①人間の生物としての"仕組み"を考慮する
  - 人間は"錯覚現象"を起こす動物である
  - 上下の線が同じ長さに見えない
  - 左右の中心にある円の大きさが同じに見えない
- ②ヒューマンエラーは原因ではなく、結果である

出来事（結果）
・規則違反
・コミュニケーションエラー
・能力エラー

原因
・マニュアルわかりにくい…
・操作盤が見にくかった…
・疲労がたまっていた…
・同僚と気まずかった…

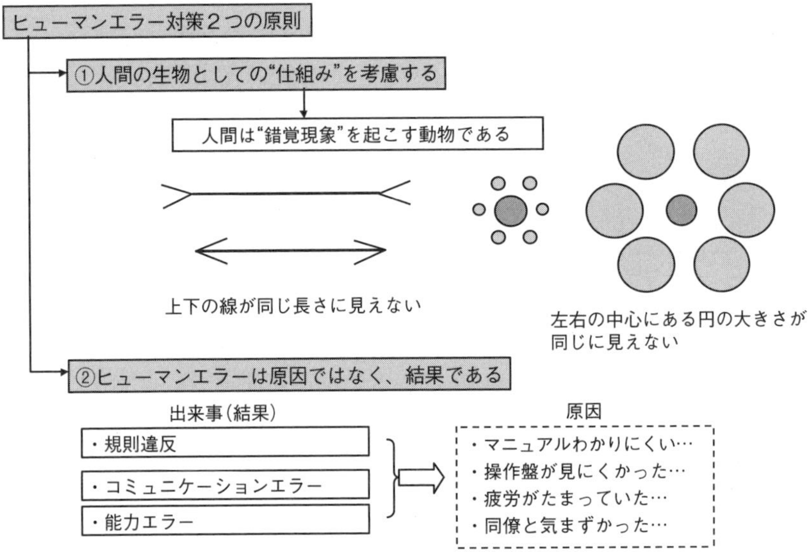

たとえば、「見間違いを犯したのは、メーターの形が見にくかったからではないのか（錯覚）」、「ボタンを押し間違えたのは、ボタンの形や場所が悪かったのではないか（錯覚）」。このように考えて、人間工学的な研究を重ねれば間違いの起こりにくいデザイン（人間中心設計）が実現できる。また、運転者に過剰な仕事をさせていなかったか（疲労など）、緊張を強いていなかったか（体調）、やる気を削ぐよう

なことはなかったか（意欲）など，心理的，社会的な問題が浮かび上がることも考えられる。

主に，ヒューマンエラーという出来事（結果）を分類すると，「規則違反」，「コミュニケーションエラー」，「能力エラー」に分類できる。これらの原因としては，上述したような「錯覚，疲労，体調，意欲など」さまざまな誘発要因（外部要因，内部要因）が考えられる。

(4) ヒューマンエラーの種類

前項で述べたように，結果としてのヒューマンエラーも，「規則違反」，「コミュニケーションエラー」，「能力エラー」の3つに分類できることを確認した。そこで本項では，それぞれのヒューマンエラーに関わりの深い主な原因系との対応で体系的に整理してみることにしよう。

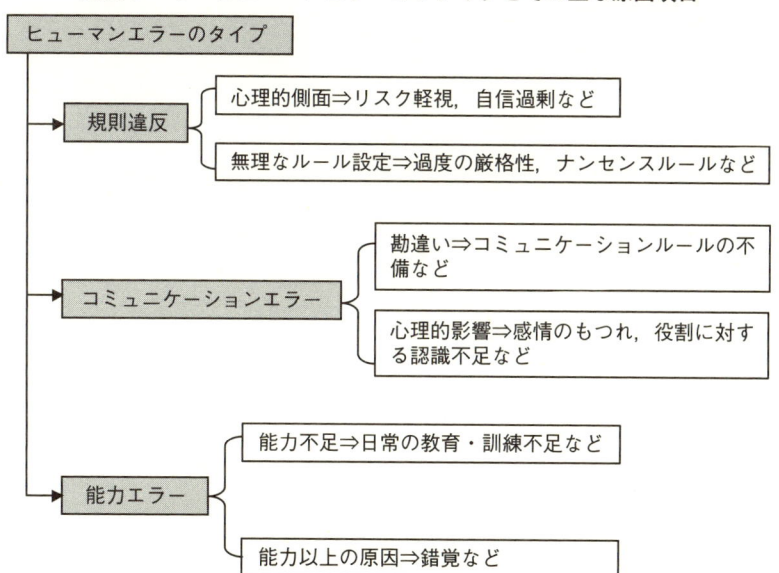

図表5－6　ヒューマンエラーの3タイプとその主な原因項目

- ヒューマンエラーのタイプ
  - 規則違反
    - 心理的側面⇒リスク軽視，自信過剰など
    - 無理なルール設定⇒過度の厳格性，ナンセンスルールなど
  - コミュニケーションエラー
    - 勘違い⇒コミュニケーションルールの不備など
    - 心理的影響⇒感情のもつれ，役割に対する認識不足など
  - 能力エラー
    - 能力不足⇒日常の教育・訓練不足など
    - 能力以上の原因⇒錯覚など

① 規則違反

一般に，手順書やルールを守らないヒューマンエラーである。この背景には，成果の重要性よりも手順等の煩わしさを優先してしまい，結果的に起こる得るリスクを軽視してしまう行動が考えられる。また，個人の性格と深く関わりはあるが，一部の経験豊富なベテランの中には，過度な自信過剰から自分だけは大丈夫と考え，手順を無視してしまうという行動も多々見受けられる。

② コミュニケーションエラー

従業員同士のコミュニケーションにミスが生じて事故に結びつくものである。考えられる大きな原因の1つとしては，業務上の明確なルール設定ができていないことによって，お互いの勘違いからミスを引き起こしてしまうことなどがある。

もう1つの主な原因としては，心理的な要因であるが，"お互いの感情のもつれ"とか，自分の"仕事に対する役割不足（周りとの協調を無視し，自部門の部分最適化に終始すること）"などによってコミュニケーションエラーが生じ，事故に至るケースもある。

③ 能力エラー

本来"やるべきこと"に対して能力が追いつかず，ミスを生じさせてしまうケースがある。この場合は日常の教育・訓練不足が大きく影響することになる。もう1つは，十分な能力があるにもかかわらずミスを誘発するケースである。これなどは，その場の環境（騒音が多い，まぶしいなど）に左右されて，見間違い，聞き間違い，聞こえなかったなどの現象が起こりミスを誘発するケースが当てはまる。多くは知覚エラーあるいは錯覚という現象で説明できる。

2．ヒューマンエラーに結びつきやすい意思決定思考

1人の従業員がヒューマンエラーによって事故を起こすのは，表面的には一瞬の出来事のように見えるが，人間は思考上ではさまざまな処理活動を行っている。この思考プロセスからミスに至るまでをモデル化して図解すると，図表5－7に示すようになる。

これを見れば明らかなように，人間は行動（動作）に至るまでにさまざまな思考上の処理を行っていることがわかる。したがって，ヒューマンエラーは，これらの各思考上の処理過程のいずれかで発生していることになる。

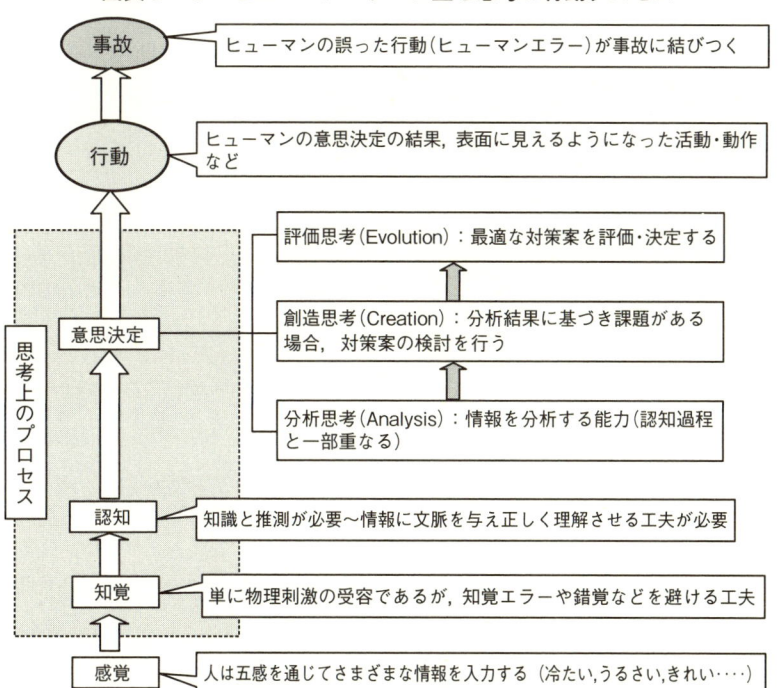

図表5－7　ヒューマンエラーに至る思考＆行動プロセス

- 事故 ← ヒューマンの誤った行動（ヒューマンエラー）が事故に結びつく
- 行動 ← ヒューマンの意思決定の結果，表面に見えるようになった活動・動作など
- 意思決定
  - 評価思考（Evolution）：最適な対策案を評価・決定する
  - 創造思考（Creation）：分析結果に基づき課題がある場合，対策案の検討を行う
  - 分析思考（Analysis）：情報を分析する能力（認知過程と一部重なる）
- 認知 ← 知識と推測が必要～情報に文脈を与え正しく理解させる工夫が必要
- 知覚 ← 単に物理刺激の受容であるが，知覚エラーや錯覚などを避ける工夫
- 感覚 ← 人は五感を通じてさまざまな情報を入力する（冷たい, うるさい, きれい……）

（思考上のプロセス）

よく起こりやすいヒューマンエラーを列挙すると以下のようになる。

・過去の経験による先入観，情報が不正確なためにとった
　【"認知"上の誤り】
・集中力の欠如または不注意から生じる不合理な（正しくない）行動
　【"ヒューマン（意思決定者）の性格・体調不良"】
・作業遂行中に思ってしまう【"意思決定"上の誤り】
　"近道反応"⇒「少し危険だけど近道だから1回くらい通ってもいいか」
　"省略行動"⇒「この作業は大した内容ではないから1回くらい省略してもいいや」などの挙動
・近道反応…面倒，横着（楽な方向へ行きがちになる）
　【"ヒューマン（意思決定者）の性格"】
・省略行動…手を抜く，軽く見る（慣れから来る安易さ）
　【意思決定者の性格】
・あらゆる状況下の中で，機械の運転（仕事の遂行）を優先させてしまう【"意思決定"上の誤り】
・機械使用中に，機能不良，事故または故障が生じたときの人の反射的な挙動"とっさの反応"
　【"意思決定"上の誤り＋"ヒューマン（意思決定者）"の性格や体調不良】

3．リスクに対してロバスト（頑強）なヒューマン像を目指して

　第1節の冒頭でも言及しているように，どのようなリスクにも"人間（ヒューマン）"は直接・間接にかかわっているので，リスクの防止や最小化のためにはヒューマンエラー対策は欠かせない。具体的には，リスクに対峙した際の「"ヒューマン"たる社員」のリスクに対する感受性を高めて，社員一人ひとりが社会環境（主に外部環境）に対して「"ロバスト（頑強）"で，"危険な資源化しにくい体質"に改善していく」必要がある。

　そのためには，第2部で言及する「逆転発想による創造的リスクマネジメント」が非常に有効であることを強調したい。その理由はすでに第4章の最後でも若干触れているが，「"悪さを実現するアイデアを創造する"という視点が，過去のヒヤリ・ハットの検証では見落としている"盲点"を発見してくれる可能性が高い」からである。

　まさに，「リスクの発生は思いもよらないことに起因していることが少なくない」のだから，この「逆転発想の思考トレーニングは，リスクに対する感受性を飛躍的に高める効果が期待できる」のである。つまり，一見すると不謹慎に思える逆転思考も，リスクに対する感受性を高め，ヒューマンをリスクに対してロバストにする有効な手段である。

　しかし，本手法（逆転発想による創造的リスクマネジメント）を直接活用する当事者は，ヒューマンという動物はヒューマンエラーを時として誘発してしまう不完全な動物であるということを自ら自覚しつつ，「"リスクネックゾーン（リスクに対して脆弱な箇所のこと）"に

なり得るヒューマンをいかにして"ロバスト（頑強）"な存在に鍛え直していくか」を，時として自問自答する機会も必要であろうと筆者は考えている。

つまり，リスクという存在を健康問題に類比させれば，健康体を維持するために運動によって体を鍛えているから大丈夫だというのではなく，年に一度は人間ドック等のメディカルチェックを通して，弱い部分を認識したうえで体を鍛えたほうがより効果的だろうということである。したがって，自分がリスクを誘発する要因として，どの程度リスクに対してロバストなのか（あるいはリスクネックゾーンなのか）を「リスクに対する危険度チェック活動なるもの」も実施し，リスクに対する自らの危険度を自覚したうえで本手法を活用したほうがより効果的であろうと筆者は考えている。

筆者が作成した「リスクに対するセルフチェックシート」を示す（図表5－8参照）。

このセルフチェックシートは，大きくは7観点別の質問票として設計されており，各質問に対して「はい，時々，いいえ」の3段階で回答する方式になっている。

たとえば，「①緊急時（非常事態時）の対応が鈍いほうである」という質問に対して，まったくそのとおりだと思えば，「はい＝0点」，時々そんな場合もあると思えば「時々＝1点」，そんなことはないと思えば，「いいえ＝2点」で点数化していく。

さらにそれを集計化してグラフにしたものが図表5－9である。これはある人のセルフチェックの結果をビジュアル的にグラフ化したデータである。これを見ると，この回答者は「むやみに創造性が強い人」と「緊急時も機械的に行動する習慣がある」の項目がやや高めに出ているので，この結果を自分なりに認識して自分の性格の傾向性を

図表5－8　リスクに対するセルフチェックシート

1．個人の肉体あるいは精神的な傾向
①緊急時（非常事態時）の対応が鈍いほうである。
②身体を動かすことが苦手である。

2．メンタル面での不安定性
①他人に影響されやすく自信を持てないほうである。
②行動（仕事）をするときは強引な性格である。
③行動（仕事）をするときは精神的にあるいは感情的に不安定になるほうである。

3．危険を過小評価する習慣（超楽天家？）
①根拠はないが，危険（リスク）は自分の身の回りには起こらないと信じている。
②他人（上司や部下・同僚など）の能力や知恵を当てにするほうである。
③自分は危険な方法に慣れすぎているほうである。

4．危険に対して感度が低い性格
①危険な状況になっても受け身のままでいるほうである。
②過去の事故からあまり学ばず，ときには同じ事故・怪我等に遭遇するほうである。

5．緊急時も機械的に行動する習慣
①緊急時も通常時と同様の方法を優先してしまうほうである。
②緊急時に自分で意思決定すべきときに他人の行動を真似てしまうほうである。
③緊急時に自分の経験や勘を当てにするほうである。

6．むやみに創造性が強い人
①自分なりに（変更したい）理由がある場合，頑として指示には従わないほうである。
②完璧主義を目指し，常に自分の仕事を修正するほうである。

7．隠蔽する習慣
①集団（会社）の利益を守る正義？のために違法行為も辞さないほうである。
②利益のために，サイドビジネスなどモラルに反する行為（反社会的行為）もするほうである。

把握できれば，ヒューマンエラーを防ぐ手段としては一定の効果があるだろう。ただし，セルフチェックの結果に必要以上にこだわると逆効果になるので，ほどほどに使うことが"コツ"である。

なお，前述した「ヒューマンエラーに至る思考＆行動プロセス」（図表5－7参照）や「起こりやすいヒューマンエラー」（第2節参照）も参考にしながら，このリスクチェックシートを活用してほしい。

図表5－9　ある回答者のリスクに対するセルフチェックシート回答結果例

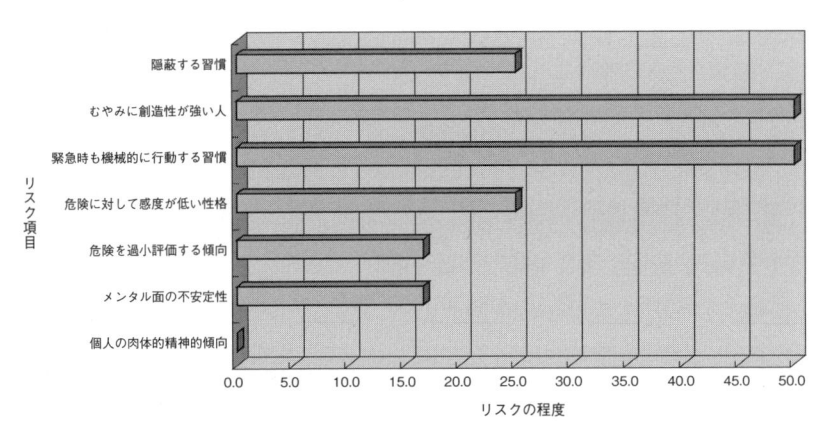

一方，ヒューマンの危険な資源化を避けて，ヒューマンエラーに起因するリスク発生を減らすためには「セルフ・マネジメント」も重要であり，そのための手段として「A・W（Awareness Wheel：日本語では"気づきの輪"と呼称）」が有効であることも知られている。もともと「セルフ・マネジメントとは，自分自身の状態，考え，パフォーマンスなどを最適にマネージすることができる能力のこと」であるから，「A・W（気づきの輪）」でこの能力を高める訓練をすれば，一個人としてのヒューマンは，リスクが潜む周辺環境に対して"ロバスト（頑強）"になることは間違いないだろう。

事実，A・Wは「CRM（クルー・リソース・マネジメント）」と呼称され，某航空会社の「機長のマネジメント（機長のヒューマンエラー対策）ツール」としても活用されており，その効果も実証済みである。また，最近では一般企業でも導入されている。

なお，A・Wの概要は下記に示すとおりであるが，詳しい内容に関しては，参考文献5）に譲ることにする。

【A・W（気づきの輪）の概要】

本手法は，米国のミネソタ大学家族研究センターでS．ミラーやD．ワックマンらによって開発された手法であり，自分を5つの領域に分類して点検するためのツールである。

5領域とは「感覚」，「思考」，「感情」，「願望」，「行為」の5つである。自分のA・Wの5領域を点検することによって，自分に対する気づきを高めようとするテクニックである。

4．リスク評価に対峙した際の"ヒューマン"の心理状態とは

最近の企業の不祥事の中には，リスクに対峙した際にリスクに対する当初の評価が甘くなり（過小評価），後に事故の隠蔽や問題の拡散化によって会社のイメージダウンを招いているケースも多い。そこで本節では，ヒューマンが顕在化したリスクに直面した段階に焦点を絞り，リスク評価の際のヒューマンの心理状態について考察する。

リスク評価に関するHoffmanの研究[6]によると，「自己評価するときに，優れた人は自分自身を過小評価し，劣った人ほど過大評価する」傾向があることを述べている。また，他の類似研究によると「米

国のように,自信を持った人が"普通の性格の人である"ところでは,自分自身を過大評価する傾向があり,一方,米国に学んでいる東洋人(日本人も含み)などは逆に過小評価する傾向がある」ことも指摘されている。

一方,最近の研究成果によると,リスク評価を行う場面では,個人と組織の間で「相反性のある評価傾向」が顕在化することも明らかにされている。具体的にいうと,「日本人の場合,自己評定の対象が"個人レベルでは過小評価の傾向(つまり自分に対して謙虚)が強い"が,組織レベルでは過大評価の傾向(つまりは寛大化傾向)が強い」ことを意味している。

この理由としては,個人レベルでの過小評価の傾向は,謙虚が美徳とされる日本社会に起因するものであり,組織レベルでの過大評価の傾向は,組織に対する日本人の帰属意識や忠誠心の高さから,組織にとって不利にならないようにしたいと念じる意識・願望によって生じているという仮説[7]が有力である。

この仮説を前提にして,最近の企業の隠蔽・隠匿にかかわる不祥事の多発化(**図表2－8参照**)を考察すると,最近のリスク評価に関する傾向は,個人レベルの過小評価よりも組織レベルの過大評価の影響のほうが勝っているという結論になる。

では,一体なぜ「個人レベルの過小評価＜組織レベルの過大評価」となるのだろうか？

リスクを定量的に把握できる項目(金融資産リスクや信用リスクなど)は正確に評価できるが,それ以外の「オペレーショナルリスク(日常業務に対応したリスクで,定量化できない大半のリスク項目が対応し,会社の不祥事に直結するケースも多い)」に関しては,リスク評価を個人評価レベルで厳しくすると,その結果が自身の所属する会社

のネガティブな印象の形成につながりかねないという，いわゆる「ハロー効果の回避」の意識が強く働くからだと考えられている。

つまり，リスク管理担当者が，本来はかなり大きなリスクだと感じていても，定量化が困難なリスク項目であればあるほど，厳格な評価による「組織内外の人たちによるハロー効果（このケースではネガティブな全般的印象の形成を示す）」を想定して，これを回避しようとする思いが勝ることで，最終的には個人レベルでも「リスクに対する過小評価＝寛大化傾向」に向かってしまうというわけである。

したがって，"企業（組織）内外の人たちによるハロー効果を回避しようとする思考"が，企業の不祥事の多発化を招かないように，つまりは"想定される負のハロー効果"以上の実害が企業に及ばないよ

図表5－10　リスクに対峙した際のヒューマンのリスク評価の心理状態モデル

```
                企業内のリスクマネジメント活動
    ┌──────────────────────┬──────────────────────┐
"市場リスク"や"信用リスク"              "オペレーショナルリスク"
         │                                    │
    定量的リスク                          定性的リスク
         │                   し             │
    リスクの計量化可能         か       リスクの計量化困難
         │                   し             │
  高度な管理手法（統計手法など）な     リスク評価は，人間（評定者）による
       の準備                が        評価システムが前提
         │                   ら             │
   効率的なリスク管理が可能              評定者の評定傾向は！？
                                            │
                                 個人レベルでは"過小評価"傾向
                                            │
  組織レベルでの"過大評価"傾向（リスク   組織レベルでは"過大評価"傾向
  に対する過小評価）の防止対策が重要 ←   （リスクに対して過小評価）
         │                                   │
   リスクに対する感受性の              逆転発想による
       向上が必須                     リスク管理が有効！
```

うに,「本手法(逆転発想による創造的リスクマネジメント)」を通して,どのようなリスク状況下でも個人のリスクに対する評定が寛大化しないような評価姿勢を学ぶべきである(**図表5－10参照**)。

【参考文献】
1) 澤口学「逆転発想アプローチによる創造的リスク対策とその有効性Ⅰ」((学)産業能率大学,2004)
2) 澤口学,竹村政哉「リスクマネジメントの基本」((学)産業能率大学通信教育テキスト,2006)
3) 畑村洋太郎「社長の失敗を体系化する」((社)日本機械学会誌,Vol.106,No.1012,2003.3)
4) 畑村洋太郎『図解雑学 失敗学』(ナツメ社,2006)
5) 斉藤貞雄,村上耕一『機長のマネジメント』(産能大学出版部,1997)
6) Hoffman, G. J. "An Experiment in Self estimation", Journal of Abnormal and Social Psychology(No.18, 1923)
7) 上原 衛,山下洋史「ハロー効果の想定によるリスク評価の寛大化傾向」(日本経営工学会経営システム誌,Vol.19.No1.2002.9)

逆転発想による創造的リスクマネジメント

第2部

逆転発想による
創造的リスクマネジメント
【実践編】

第6章 逆転発想アプローチ概論

1．逆転発想アプローチの必要性

(1) 従来型リスクマネジメント～分析型アプローチ

第1章でも言及している（図表1－12参照）が，改めてリスクマネジメント活動を簡潔に整理すると以下のようになる。

広義の リスクマネジメントとは	損害の予防行為と，損害が発生（リスクが顕在化）した後の事後処理（主に損害を最小化するためのマネジメントである"クライシスマネジメント"）を含む
狭義の リスクマネジメントとは	損害発生の予防行為に限定したマネジメント活動である

また，リスクそのものの定義についてもすでに第1章で触れているが，改めて以下に記述する。

> **（企業が直面する）リスクとは**
> 企業が被る損失という（悪い）結果と，その結果をもたらす原因が存在する状況あるいは環境のことである。

以上のことを勘案して、本書では「広義のリスクマネジメント活動」については、以下のように定義するものとする。

> **リスクマネジメント活動（広義）とは**
> 企業経営の継続に向け、地球環境、地域社会、人、財産への損害・損失あるいは、その可能性を発見して、その事前あるいは事後の対策を計画的、かつ的確に行うための組織的活動である。

この定義を前提にすると、われわれは、リスクマネジメント活動（広義）として、「事前および事後の対策を計画的、かつ的確に行う組織的活動」を実践していかなければならないことがわかる。また、「リスクに対する事前および事後の対策」としては、以下に記述するいずれかの対応方法をとらなければならない。

箇条書きで整理した①〜⑦のリスクへの対処方法（リスク対策）を、その対処方法の特質を考慮して整理すると、**図表6－1**に示すようになる[1)2)]。

なお、⑥の"リスクの移転"は、非財務的リスク対策と財務的リスク対策の両方に関連する考え方である。

① リスクを"回避"できる方法を検討・選択する
② リスクを"防止"できる方法を検討・選択する
③ リスクを"低減"できる方法を検討・選択する
④ リスクを"分散"できる方法を検討・選択する
⑤ リスク要因を"除去"する
⑥ リスクを何かのかたちで他に"移転"できないか
⑦ リスクを自覚しながらも"保有"する

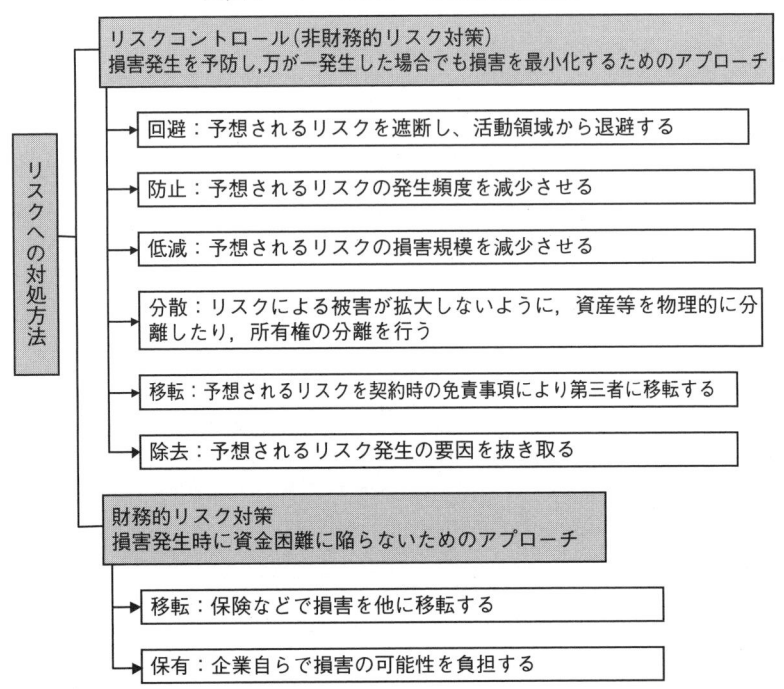

図表6-1　リスクへの主な対処方法

リスクへの対処方法
- リスクコントロール(非財務的リスク対策)
  損害発生を予防し,万が一発生した場合でも損害を最小化するためのアプローチ
  - 回避：予想されるリスクを遮断し、活動領域から退避する
  - 防止：予想されるリスクの発生頻度を減少させる
  - 低減：予想されるリスクの損害規模を減少させる
  - 分散：リスクによる被害が拡大しないように，資産等を物理的に分離したり，所有権の分離を行う
  - 移転：予想されるリスクを契約時の免責事項により第三者に移転する
  - 除去：予想されるリスク発生の要因を抜き取る
- 財務的リスク対策
  損害発生時に資金困難に陥らないためのアプローチ
  - 移転：保険などで損害を他に移転する
  - 保有：企業自らで損害の可能性を負担する

　なお，①～⑦を「計画的，かつ的確」に実践していくためには，図表6-2に示すような基本的な活動ステップを踏んでいく必要がある。

　従来型リスクマネジメントは，分析思考が基本になるので，「分析型アプローチ」と呼称する場合もある。なお，第4章第2節「安全管理にかかわるリスクマネジメント」で紹介した「KYT（危険予知訓練）の基本活動ステップ」(図表4-4参照)も，この分析型アプローチに即した活動ステップになっている。

　STEP1では，対策を講じる必要性の高いリスクを発見することが

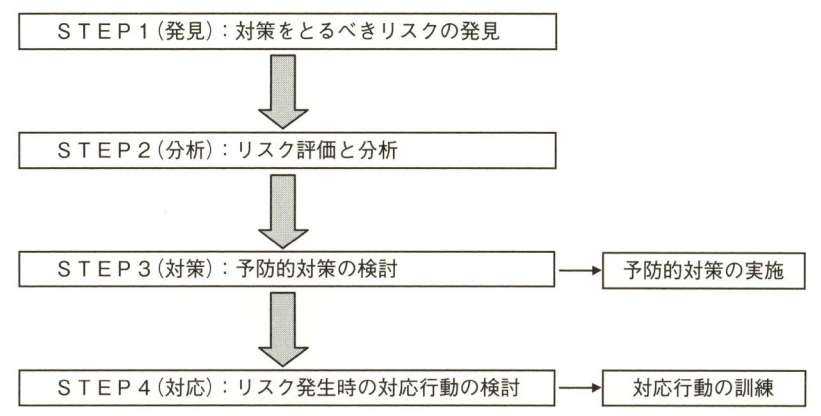

図表6－2　従来型リスクマネジメントの基本ステップ

```
STEP1（発見）：対策をとるべきリスクの発見
        ↓
STEP2（分析）：リスク評価と分析
        ↓
STEP3（対策）：予防的対策の検討 → 予防的対策の実施
        ↓
STEP4（対応）：リスク発生時の対応行動の検討 → 対応行動の訓練
```

目的である。したがって，リスクマネジメントに取り組む真摯な姿勢が大切であるため，日頃から「リスクに対する感受性を高める努力」が重要になる。

なお，リスク発見の際には，「社会（外部環境）と企業（内部）のインターフェース領域」，「オペレーションシステムの構造領域」，「オペレーションシステムのヒューマン対応領域」に留意し，「社会規範と企業倫理レベル」，「企業経営レベル」，「業務レベル」，「人の活動レベル」等のリスクを発見するように試みる。

STEP2は，発見したリスクについて評価し，優先順位の高いものから，リスク顕在化のメカニズムを明確にするのが目的である。

STEP3は，STEP2の分析結果に基づいて，リスクを顕在化させる要因を除去するか，もしくはリスクが顕在化するメカニズムが成立しないように効果的な対策を検討し，実行するのが目的である。

STEP4では，予防的対策によって完全にリスクを除去できない場合には，リスク発生時に備えて対応訓練を実施するのが目的である。

職場でリスクマネジメントを実践する際には，この「分析型アプ

ローチ」が基本になる。

(2) 分析型アプローチ実行時の留意点

「分析型アプローチによるリスクマネジメント」の活動手順は非常にわかりやすく実用的であるため，基本的には，このアプローチは多くの職場で実践展開が可能である。しかし，この手順は活用しやすいがゆえに，これだけで十分とはいえない側面もある。したがって，分析型アプローチを実践する際には，以下の3点に留意する必要がある。

① 過剰な経験主義（過去検証思考）に陥ることを回避する

このアプローチの基本的考え方は"原因追究型思考"である。したがって，不具合（損害）を予防・防止する方策を検討する場合，「（過去に）なぜそのような不具合が起こったのか？」が思考の出発点になるので，場合によっては「自身の過去の狭い範囲の経験・知識に基づいて，限られた範囲内で原因を追究するアプローチ」に陥る危険性がある。

過去の経験・知識から学ぶことは重要であるが，これだけに頼ると，IT産業を中心に見られる"新手のリスク"への対策が後手に回る危険性がある。リスクマネジメントにおいて重要なことは，今の業務システムの中に潜んでいるリスクを発見することであるから，「過去に経験のないリスクも存在するはずである」ことを念頭に置かなければならない。したがって，「自身やメンバーの経験・知識による原因追究＋αの工夫」が時には必要となってくる。

② 過去事例検証型アプローチから創造的思考へ

第4章第5節で紹介した失敗学会では，過去の不具合事例（失敗事例）を積極的にデータベース化（公開）し，そのデータを今後のリス

クマネジメントに活かしていこうという「一種のナレッジマネジメント型の不具合予防・防止アプローチ」を提唱している。

この方法が確立すれば，確かに一個人や一グループによる偏った検討アプローチの是正が望め，より客観化したリスク対策の検討が可能になる。したがって，筆者もこのようなアプローチには賛同するところも多い。しかし，完全に過去事例を網羅することは不可能に近いし，過去事例にだけこだわっていると，どうしても未知のリスクに対応できない可能性もある。つまり，失敗学会の提唱する方法はあくまでも過去検証型アプローチなので，分析型アプローチの1つといえる。

したがって，今後は諸原因の関係分析を進めながらも，リスクに対する考え方を一歩進めて，「これ以外にも原因が存在するのではないか？」あるいは「これら以外にも予期しないリスクが存在するのでないか？」という疑問をもって，創造的思考でリスクを検討する姿勢も時には必要になろう。

③ リスクに対する感受性を高める

企業の事故や不祥事が起こった際に，「マニュアルには対策が記述されていたのだが，守られていなかった（企業倫理の欠如）」という当事者（企業・組織）のコメントを聞くことが多々ある。職場のマネジャーやリーダーが1人でリスクマネジメントに取り組んでいるだけでは，メンバーのリスクに対する意識は低いままである。したがって，マネジャーやリーダーは単に与えられた手順どおりにリスクマネジメントを行うのではなく，「リスクに対峙した際の個々のメンバーのリスクに対する感受性の向上」に向けた工夫も重要になってくる。

したがって，分析型アプローチを単に型どおりに実施しているだけでは，リスクに対する感受性は高まりにくいし，失敗学会の提唱アプ

ローチを導入しても，「失敗例はあくまでも他社の話にすぎない」という意識があると，リスクに対する感受性も思った以上に高まらないだろう．

(3) 逆転発想アプローチの特徴

職場でリスクマネジメントを実践するためには，まずは分析型アプローチから適用するべきである．それは「"再発防止"はリスクマネジメントの必須」であり，再発防止には分析型アプローチが有効だからである．しかし，前項で言及したように，これだけでは"未知の予期しないリスク（新手のリスク）"についての対策は十分とはならない．そこで「創造型アプローチ」を実践してみることが有効となる．

創造型アプローチとは，過去の経験に固執することなく，発生可能性の高いリスク項目を予測するアプローチであり，この創造型アプローチを実践するリスクマネジメント手法として開発されたのが「逆転発想アプローチ」である．

なお，逆転発想アプローチは，分析型アプローチとは次の3点において違いがある．

① 過去検証型ではなく未来思考型

逆転発想アプローチは，不具合（損害・損失）現象を過去の経験から探索するのではなく，不具合現象を"一種の実現したい事柄"と捉え，その実現方法を創造的に思考する点に大きな特徴がある．つまり，過去の経験から解放された「より発想の視野を広げた思考法」なのである．

たとえば，火災防止を考える場合，分析型アプローチではまず過去の火災の事例を検証し，火災の原因となりうる項目を分析するが，逆転発想アプローチでは，「火災を発生させるには何が必要なのか」を

検討し，"危険な資源（リソース）"の有無を視野に入れる。

なお，危険な資源とは，その不具合を発生させるために必要不可欠な要素を指している。たとえば，火を発生させるための資源は「酸素と可燃物と発火温度」の3つということになる。これらの資源が存在すれば，想像した不具合が過去に発生していなくても十分起こり得るものと判断し，その後に実際にそれらの危険な資源が不具合に結びつかないように予防・防止のための対策を検討することになる。

以上のことから，逆転発想アプローチは，過去に発生した火事の事故例や限られた自身の経験や知識からの思考には陥らないで済むのである。したがって，逆転発想アプローチは，過剰な経験主義に陥らない「未来思考型のアプローチ」であるともいえよう。

② 原因追究型ではなく手段創造型

分析型アプローチでは，ある特定の原因を見つけ出し，そこに対して対策を検討することになるが，逆転発想アプローチでは「不具合（損害・損失）をいかにして起こすか」を思考の出発点にしている。たとえば，分析型アプローチは現場検証するような立場で火災につながりそうな諸原因の関係を明らかにしていくが，逆転発想アプローチでは「火災を確実に発生させるにはどうしたらよいか」を創造的に検討することになる。そのため，目に見える限られた諸原因の中から防火対策を見出そうとする短絡的な思考は避けることができる。つまり，そういう意味で逆転発想アプローチは，「手段創造型のアプローチ」なのである。

③ リスクに対する感受性の向上

逆転発想アプローチでは，リスクを確実に引き起こす（実現する）シナリオを徹底的に検討していく。したがって，「損害や損失を起こすにはどうしたらよいか，損害や損失を起こすには何が必要か」とい

う「発想の視野を広げた思考」をし、「こういうことが起こるかもしれない」という未知のリスクを追求していくことになる。そしてその後は、思考を反転させて予防・防止のための対策を検討するという創造的な思考手順を踏むので、このプロセスを通してリスクの前兆に対する感受性もかなり高まることが期待できる。

　通常、われわれは自分たちのつくった、あるいは扱っている商品やサービス、設備などに信頼と愛着を抱いているので、そこにリスク発生の実現シナリオは想定していない。この想定外のことをあえて逆転発想で検討することによって、未知のリスク（あるいは新手のリスク）に対する感受性を飛躍的に高めることが可能になるのである。

　また、逆転発想思考は、ヒューマンを「リスクに対してロバスト（頑強）な存在にする効果もある」ことを一言添えておく。いずれにせよ、多様でかつ不確実なリスクにさらされている現代企業にとっては、分析型アプローチだけでなく、逆転発想アプローチ（いわゆる"創造型アプローチ"）を実践することも時には必要なのである。

　分析型アプローチと逆転発想アプローチの関係について、ここまでの説明を踏まえて体系的に整理すると、**図表6－3**のようになる。

　また、分析型アプローチと逆転発想アプローチについて、各観点別に比較分析的に整理すると**図表6－4**に示すようになる。

　なお、逆転発想アプローチの主な手法として「サボタージュ・アナリシス」があるが、これに関しては次節の中で説明する。

第6章　逆転発想アプローチ概論　113

図表6－3　分析型アプローチから逆転発想アプローチへ

分析型アプローチ

- （過去に）なぜそのような不具合が起こったのか？
  ↓
- 通常の原因追究アプローチ
  ↓
- 自身の経験・知識のみ（偏った範囲）を拠り所にした対策案に陥る危険性あり
  ↓
- ナレッジマネジメント型の不具合予防・防止アプローチ（失敗学会の提唱）
  ↓
- 広い視野で客観的リスク対策（効果は大きい）

しかしながら　以下の声は絶えない

- まさかこのような事故が起ころうとは……（過去にはない未知の事故に直面）
- マニュアル整備はしたが守られなかった……（企業倫理の欠如）

逆転発想アプローチ

- リスク・センシティブ・センスを磨く（リスクに対する感受性向上）
- 不具合現象を"一種の実現したい事柄"と捉え、その実現方法を創造する

（不具合を発生させる危険な資源（リソース）の有無も考慮する）

↑
- （過去の）不具合をいかにして起こすか？

逆転発想アプローチ

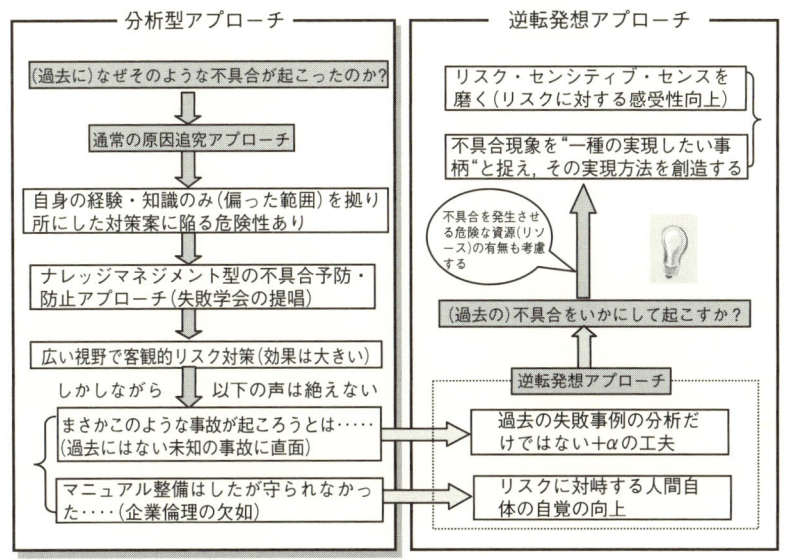

- 過去の失敗事例の分析だけではない＋αの工夫
- リスクに対峙する人間自体の自覚の向上

図表6－4　分析型アプローチと逆転発想アプローチの特徴比較

	分析型アプローチ	逆転発想アプローチ
リスク管理の視点	過去検証型リスク管理（過去の事故から学習する視点が重要）	未来思考型リスク管理（未来に必ず実現させる視点が重要）
主な手法	KYT（危険予知訓練）KYK（危険予知活動）など	サボタージュ・アナリシス（旧ソ連）逆転発想アプローチ
思考（たとえば）	どのようにして起こったのか？（何が原因で火事が発生したのか？）	どうやって起こすか？（確実に火事を発生させるにはどのような手段があるか？）
思考の立場	現場検証する立場で思考	不具合を起こす当事者の立場で思考
対策案の拠り所	過去の不具合データが対策案のヒントになる	不具合発生のアイデアの実現性検証が対策案のヒントになる
対策案の情報量	どのようにして起こったか原因追究する思考は情報の少ない領域である	どうやってある不具合を発生させるかは人類の歴史上に豊富な情報がある
対策案の革新度	対策案の革新度は一般的には高くない	対策案の革新度は一般的に高い

2．逆転発想アプローチの生い立ち

(1) 逆転発想アプローチの原点

逆転発想アプローチの原点は，旧ソ連で開発（1979年）された「サボタージュ・アナリシス」（図表6－5参照)[3]という手法にある。サボタージュ（Sabotage）とは破壊工作などを意味する言葉であり，「サボタージュ・アナリシス（"Sabotage Analysis"あるいは"Subversive Analysis"ともいう）」は，もともとが主にテロ対策手法であるため，まさに，破壊工作員になったつもりで，最初にリスク（テロなどの危険や不具合）を起こす方法を考えてから，その後，反転させて対策案を考えるという非常にユニークな手法である。

この考え方は，一見すると不見識と思われがちな「破壊工作員の視点こそ」がリスクに対する認識力を高める有効な視点であり，それが

図表6－5　サボタージュ・アナリシスと逆転発想アプローチ

```
┌─────────────────────────┐
│   サボタージュ・アナリシス   │
└─────────────────────────┘
             ↓
┌──────────────────────────────────────────────┐
│ 逆転発想アプローチによる創造的リスクマネジメントとして活用 │
└──────────────────────────────────────────────┘

                        ┌──────────────────┐
                        │  どうやって起こすか  │
                        └──────────────────┘
                              ↑
                        思考の逆転
┌──────────────────────┐
│ どのようにして起こったか │
└──────────────────────┘
```

結果的にリスクに対する感受性を高めるのに有効なのである。

なお，サボタージュ・アナリシスは，その後米国の Ideation International 社（経営コンサルティング会社）の旧ソ連出身の経営コンサルタント等によって「AFD（Anticipatory Failure Determination）」[4]という手法に洗練化され，企業における研究開発分野のリスクマネジメント手法として活用されている。

(2) サボタージュ・アナリシスの企業リスクへの適用

企業リスクがどのようにして起こったかを検証するために，いつの時代も多くの時間と労力が費やされてきた。しかし，どうやって"ある現象を起こすか"という観点から，"アイデア"を創造する分には，人類は豊富な知識を持っているので比較的容易に検討することができる。その意味では，「不具合発生を意図的に創造する」というサボタージュ・アナリシスの教えは，実は社会で発生するより広範なリスク対策として有効活用できるはずである。逆転発想アプローチは，このような考えから「サボタージュ・アナリシス」をもとに，著者が企業の多くの現場において活用できる手法として再開発したものである。

具体的にいうと，本書で提供する逆転発想アプローチでは，サボタージュ・アナリシスの考え方をより実務的に活用できるように，VE（価値工学）(注1)の機能分析思考(注2)をコンバインした手法になっており，今までのリスクマネジメントでは必ずしもカバーしきれていなかった「リスクに対する感受性の向上」にとくに有効な手法になっている。したがって，適用分野も単に現場の安全管理面だけに限定されるわけではなく，企業が直面する多様なリスク対策に広く，かつ積極的に活用できるアプローチになっている。

（注1）VE（Value Engineering：価値工学）

　製品の形（モノ）にこだわるのではなく，製品が要求する機能に着目し，要求機能を達成するための新たな手段（方法）を検討するための管理技術である。また，VEではV=F/Cの概念式から価値向上を目指すので，機能本位に発想した新たな手段（方法）は，コストパフォーマンスのよい手段でもなければならない。

（注2）機能分析思考

　製品に求められる複数の要求機能は，「目的―手段」の論理で体系化することが可能であり，複数の機能同士が「目的―手段」の論理で体系化されたものを「機能系統図」とも呼称している。この機能系統図をもとに，機能本位に，よりよい手段（方法）をアイデアとして発想していくのがVEの最大の特徴である。

3．逆転発想アプローチの活動ステップ

　逆転発想アプローチの最大の特徴は，身の回りにあるものや環境などの「"危険な資源"を使って，創造的な思考で確実に事故やリスクを発生させる手段（アイデア）を創造する」ことと，「その結果を予防や対策案に役立てようとする点」にある。この特徴を最大限に活かした実務的活動手順として，以下の**図表6－6**に示す8ステップ構成で準備している。

　この8ステップも問題解決の思考段階別に分けると，大きくは「分析段階」，「創造段階」，「対策段階」の3段階に分類することが可能である。

第6章 逆転発想アプローチ概論　117

図表6－6　逆転発想アプローチの活動ステップ

分析段階
- STEP1：対象システムの設定
- STEP2：リスク(不具合)状況の整理
- STEP3：有害機能の体系化
- STEP4：リスクネックゾーンの把握

創造段階
- STEP5：リスク発生アイデアの発想
- STEP6：リスク発生リソースの把握

対策段階
- STEP7：リスク発生シナリオの作成
- STEP8：リスク対策案の作成

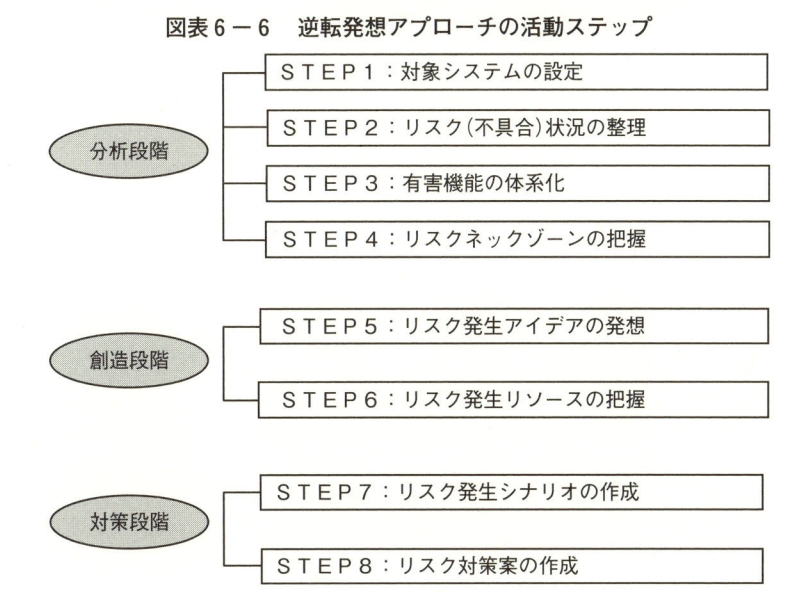

図表6－7　従来型リスクマネジメントの基本ステップと逆転発想アプローチの活動ステップの対応図

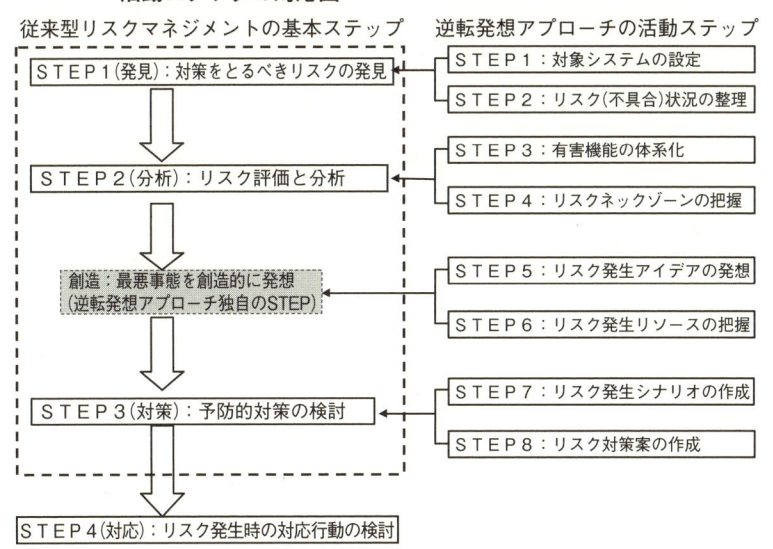

従来型リスクマネジメントの基本ステップ / 逆転発想アプローチの活動ステップ

- STEP1(発見)：対策をとるべきリスクの発見 ← STEP1：対象システムの設定／STEP2：リスク(不具合)状況の整理
- STEP2(分析)：リスク評価と分析 ← STEP3：有害機能の体系化／STEP4：リスクネックゾーンの把握
- 創造：最悪事態を創造的に発想（逆転発想アプローチ独自のSTEP） ← STEP5：リスク発生アイデアの発想／STEP6：リスク発生リソースの把握
- STEP3(対策)：予防的対策の検討 ← STEP7：リスク発生シナリオの作成／STEP8：リスク対策案の作成
- STEP4(対応)：リスク発生時の対応行動の検討

この8ステップ構成を，従来型リスクマネジメントの基本ステップ（図表6－2参照）と関連づけて示すと，図表6－7に示すとおりである。これを見るとわかるように，従来型リスクマネジメントの基本ステップにはない活動ステップが逆転発想アプローチにはあり，それがステップ5と6の創造段階である。また，従来型リスクマネジメントのステップ4「リスク発生時の対応行動の検討」は，未来志向型リスクマネジメントである逆転発想アプローチでは活動の範囲外との位置づけになっている。

4．逆転発想アプローチによるリスクマネジメントの進め方

図表6－7からも明らかなように，従来型リスクマネジメント手法が「分析－評価－対策」というステップで進められるのに対して，逆転発想アプローチは，基本的に「分析－創造（評価含む）－対策」というステップで進めていく。

●STEP 1：対象システムの設定

考えられるリスクマネジネントの対象システムについて，情報収集と評価を行い，優先順位の高い対象システムを選択・設定する。

●STEP 2：リスク（不具合）状況の整理

特定した対象システムについて，発生するかもしれない想定リスクの状況を整理する。

●STEP 3：有害機能の体系化

「最終的な損害・損失」と「損害・損失をもたらす原因系要因」を有害機能として表現し，それらのつながりを"有害機能体系図"として整理して，損害と原因の関係を有害機能という観点から明確にする。

● STEP 4：リスクネックゾーンの把握

対象システムの仕組みやプロセスについて，損害・損失の引き金につながりそうな脆弱な領域，つまり"リスクネックゾーン"を探索する。

● STEP 5：リスク発生アイデアの発想

リスクネックゾーンに直接かかわる有害機能を明らかにし，最終的な損失・損害に至る有害機能との結びつきを把握しながら，各々の有害機能達成にかかわるアイデア（リスク実現のためのアイデアのこと）を創造する。

● STEP 6：リスク発生リソースの把握

発想した複数のアイデアの実現可能性の有無（対策案が必要かどうか）について，危険な資源（リソース）の発生頻度の観点などから検討する。

● STEP 7：リスク発生シナリオの作成

前ステップで，実現可能性が高いと評価されたアイデアを素材にして，リスク発生シナリオを作成し，リスク発生に至るメカニズムを明らかにする。

● STEP 8：リスク対策案の作成

危険な資源（リソース）の除去，あるいはリスク発生に至るメカニズムの変更を検討することによって，リスク発生を未然に防ぐための対策案を作成する。

【参考文献】
1) 澤口学，竹村政哉『リスクマネジメントの基本』（(学) 産業能率大学通信教育テキスト，2006）
2) 田辺和俊『ゼロから学ぶリスク論』（日本評論社，2005）
3) Ideation International Inc. "Anticipatory Failure Determination Russian name Subver-

sive Analysis", TRIZ power point material (2002)
4） Stan Kaplan, Svetlana Visnepolschi, Boris Zlotin, Alla Zusman "New Tools for Failure and Risk Analysis" (Ideation International,Inc.1999)

第7章 逆転発想アプローチによる リスクマネジメント
◎ケース1◎

1. ケーススタディ「高架橋新設工事におけるリスクマネジメント」

　逆転発想アプローチの各ステップを具体的に理解していただくため，本章では簡単なケースを使って説明していく。ここで取り上げるケースは「工事現場における野外作業の安全対策」を検討する内容になっている。このテーマは代表的な「労働災害」であり，比較的多くの方が危険な状況をイメージしやすい内容になっているので，今回事例として取り上げた。
　ケースの概要（箇条書き）は，以下のとおりである。

【高架橋新設工事におけるリスクマネジメント】

- この工事現場では，工事管理者他10数名で高架橋新設工事を行っている。
- 他の工事現場同様，作業員はヘルメット，安全チョッキ，安全帯を着用し，高所作業時は安全帯のフック着用している。
- 最近仕事への緊張感が緩んでいる兆しがある。たとえば"クレーン車の扉の開けっ放し状態"で，強風でドアが煽られ，急にバタンと閉ま

る"ヒヤリ・ハット"があった。
- 高所作業車の足場が濡れて，作業員の1人が足を滑らせ転倒する"ヒヤリ・ハット"もあった。
- 20年以上のベテランも数名いるが，メンバーの過半数が2年以内の若手である。

（＊特定の現場を想定するものではなく，あくまで架空設定である）

なお，本ケースの概要図は，図表7－1に示すとおりである。

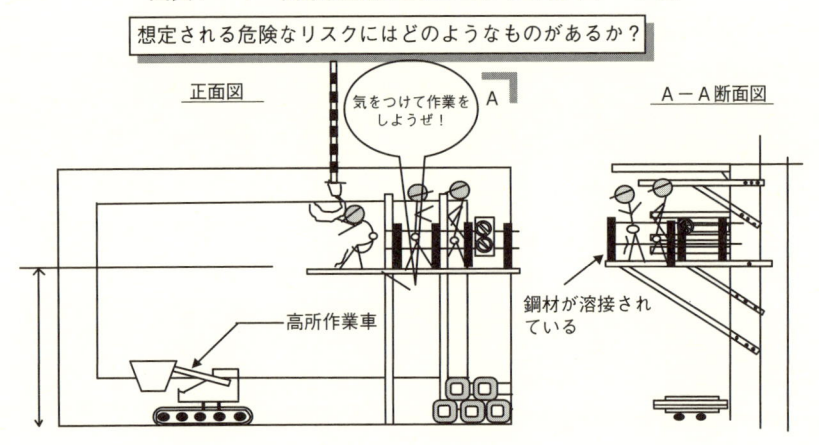

図表7－1　高架橋新設工事における作業イメージ図

想定される危険なリスクにはどのようなものがあるか？

正面図　　　　　　　　　　　　　　　　　A－A断面図

気をつけて作業をしようぜ！

高所作業車

鋼材が溶接されている

2．"逆転発想アプローチ"の分析段階

(1) STEP1：対象システムの設定

【目的】

　リスクマネジメントの対象システムについて情報を整理し，想定リスクを発見することである。

第7章 逆転発想アプローチによるリスクマネジメント【ケース1】

【方法】
① 「外部環境と野外作業とのインターフェース」,「オペレーションシステムの構造領域」,「オペレーションシステムのヒューマンの領域」の観点を考慮して,リスクマネジメントの対象を検討する。
② 図表7－2に示す「対象に関する情報収集シート」(あくまで一例)等を利用して,優先的にリスク対策が必要なシステムを決定する。

【手順】
① 「対象」,「ヒヤリ・ハットなど」,「最終損失」の記入
　平素から気になるリスク項目を列挙する。この際,日常業務におけるヒヤリ・ハットに注目し,過失レベルから想像をたくましくして「最悪の結果(最終損失)」を多数あげるように試みるとよい。最悪の結果とは,代表的なものとして「人命にかかわる傷害(死亡を含む),致命傷には至らないが深刻な傷害」,「火災の発生」,「有害物質の流出や業務による近隣の生活環境の悪化」,「社会規範に背く企業活動の実施による社会的信頼の失墜」,「ケアレスミスの連続による顧客側の損失の発生」等々さまざまなことが考えられる。

② 「どこで,どのようなときに」それが起こるのかの検討
　①であげた「最終的な損害・損失」について,「どこで,どのように,どのようなときに」それが起こる可能性があるのかの概要(可能性の概要)を記入する。この際,過去のリスク発生事例やヒヤリ・ハット情報を参考にするとよい。

③ 「発生可能性」,「経営へのダメージ」の評価
　①・②であげたリスク項目について,「発生可能性」,「経営へのダメージ」の2点から評価する。
　発生可能性については,

図表7-2　対象システムに関する情報収集シートの主な記入項目

検討項目	リスク項目			評価（理由も記述のこと）		
対象システム	ヒヤリ・ハットなど	最終的損害・損失（結果）	どこで・どのようなとき	発生可能性	経営へのダメージ	総合評価
①	①	①	②	③	③	④
……	…………	…………	………………	……	……	……

　　◎：可能性高い　　○：可能性あり　　△：可能性低い

の3段階とする。発生可能性の評価にあたっては，「過去に発生したことがあるかどうか」，そして「現在とられている対策はどのようなものなのか」をしっかりと確認して行うことである。したがって，単なる印象評価は可能な限り避けることが重要である。

　経営へのダメージについては，

　　◎：非常に深刻　　○：深刻　　△：影響少ない

の3段階とする。ただし，人命にかかわるものはすべて◎とする。

④　総合評価

　③で行った「発生可能性」と「経営へのダメージ」の評価を勘案して，総合評価を行う。

　総合評価は，対策検討の優先度で，

　　◎：優先度高い　　○：優先度普通　　△：優先度低い

の3段階とする。総合評価については，その根拠もできる限り記録しておくことが望ましい。

第7章 逆転発想アプローチによるリスクマネジメント【ケース1】

本ケースの情報収集シートへの記入例（一部）を図表7-3に示す。

図表7-3 本ケースに関する情報収集シート記入例（一部）

検討項目 対象システム	リスク項目			評価（理由も記述のこと）		
	ヒヤリ・ハットなど	最終的損害・損失（結果）	どこで・どのようなとき	発生可能性	経営へのダメージ	総合評価
クレーン車や他の専用車両	扉が開けっ放しになっており、強風で扉が突然閉まった。誰かが手を挟んでいたら………	作業者の1人が手を挟んで大けが	・クレーン車のドア付近でぼんやりした作業者がいる時 ・忙しい作業者があわててドアに近づいた時	△	○	△
野外での高所作業	高所作業台の足場が濡れていたときに、作業者の1人が足を滑らしていた	転落して死亡する	・作業当日雨が降り、作業台の足場が濡れていた場合 ・安全帯をし忘れた作業員がいる場合	○	◎	○
……	……	……	……	……	……	……

(2) STEP 2：リスク（不具合）状況の整理

【目的】

STEP 1で選定された対象システムについて、発生するかもしれない想定リスクの状況を整理する。

【方法】

① STEP 1で決定した対象システムについて、発生可能性の高い想定リスクを見つけ出す。
② 具体的には「最終的な損害・損失（結果）」とその「直接原因」を整理することによって、想定リスクを明確にする。

【手順】

① STEP1の「対象システムの情報収集シート」の結果評価を参考にしてリスクマネジメントの検討項目（対象システムの候補）を1つ選ぶ。
② 決定した対象システムについて「最終的な損害・損失（いわゆる最終的な悪い結果）」と「直接原因（損害への引き金になる直接的な原因）」を関連づけて図表7－4のように，「対象システムのリスク状況整理シート」に整理する。
③ これまで見過ごしていた些細なことにも目を向け，対象システムの仕組みを理解するように努め，対象システムで起こる可能性のある「直接原因」をなるべく多く書き出すように試みる。

【留意事項】

「損害をもたらす原因」を記述する際には，対象システムについて，システムそのもの，そのシステムの置かれている周辺状況（外部環境），システム運営の状況（オペレーションシステム，人間活動システム，管理システムなど）の全般にわたって改めて情報を収集することが重要である。

図表7－4　リスク状況整理シート記入例（一部）

最終的な損失 （最終的な悪い結果）	損失をもたらす原因系要因
野外の高所作業で作業員の何人かが転落して死亡する	①足場崩壊　②重機衝突　③溶接の火花燃焼　④クレーンのワイヤ切断　⑤クレーン転倒　⑥ジャッキのPC鋼板の抜け　⑦土砂崩壊　⑧水害……
○○担当作業員が滑って大けがをする	①路盤陥没　②クレーン転倒　③出荷
……	……

(3) STEP 3：有害機能の体系化

【目的】

「最終的な損害・損失」と「損害・損失をもたらす原因系」をそれぞれ有害機能表現に変換して，それらのつながりを「有害機能体系図」として整理する。

【方法】

① STEP 2 で作成した「対象システムのリスク状況整理シート」をもとに「最終的な損害・損失」を「最上位有害機能」と位置づけ，左端に位置づける。

② 「損害をもたらす原因系要因」を「各々の有害機能」として定義し，それらの有害機能を，VE の機能分析アプローチの論理(注1)（目的－手段の関係で各機能を関連づける手法）に従って「有害機能体系図」（図表 7 － 5 参照）を作成する。

（注1） VE の機能分析アプローチの論理

別名機能系統図法とも呼ばれている。要は，複数の機能を「目的－手段」の関係で関連づけて，各機能を体系化する手法である。左端の機能を最上位機能と呼んでいる。逆転発想アプローチの場合には，通常の機能ではなく，有害機能について体系化を行うところがユニークな点であるが，体系化の論理は基本的に同じ思考（目的－手段思考）である。

【手順～有害機能体系図（詳細版）の作成】

① 各リスク内容（最終損害・損失をもたらす原因系）を「名詞＋動詞（～を～する／～を～させる）」の機能定義表現に修正する。

この際，リスクを実現させる立場に自身の思考を変換して，「最終的な損害・損失＝最上位有害機能」を実現するにはどうしたらよいのか？という思考で各々の有害機能表現を考えることが重要である。

② 各々の有害機能の体系化を行う際には，「目的と手段」の機能論

理で有害機能同士のつなぎ方を考えていく。なお，「目的と手段」の関係は，あくまでも２つの有害機能間の相対関係である（**図表７－５参照**）。
③　有害機能体系図を作成する際に，その過程で不足する有害機能があれば，随時追加しながら作業を続けていく。
④　「目的と手段」の機能論理で，各々の有害機能の体系づけをしていき，最終的に最上位有害機能（左端の最終損失）にたどり着いたら，有害機能体系図は完成したことになる。

【有害機能体系図（詳細版）作成上の留意事項】
①　本ケースを利用して有害機能の定義を説明すると，たとえば「足場崩壊」という直接原因であれば，「足場を崩壊させる」という機能表現に変換させることになる。そして，この有害機能を起点にして，「目的追求質問"それは何のためか？"」を繰り返し，「足場を崩壊させる⇒高所の作業員を転落させる⇒転落作業員を死亡・大けがさせる（最上位有害機能）」の関連づけを検討する。
②　他の原因系も同様に有害機能に表現を修正し，その後は，同上のように最上位有害機能につながるまで目的追求質問を繰り返す。
③　なお，ある有害機能（手段系）の目的機能が２つ以上ある場合，その目的の強弱とは関係なく，２つ以上の目的をすべて視野に入れて思考を繰り返すことが前提になっているので，体系図がかなり広がり複雑なダイヤグラムになるケースもある。
④　**図表７－５**の「有害機能体系図」は，あくまでも「転落作業員を死亡・大けがさせる」という１つの「最終的な損害・損失（最上位有害機能に対応）」に対する有害機能体系図である。したがって，他にも想定される「最終的な損失・損害」があれば，同じような検討が必要になる。

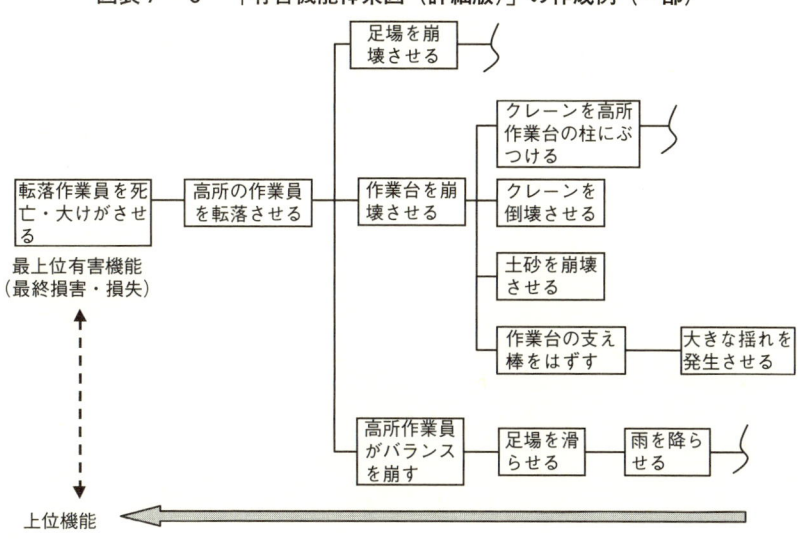

第7章 逆転発想アプローチによるリスクマネジメント【ケース1】　129

図表7－5　「有害機能体系図（詳細版）」の作成例（一部）

```
                          ┌─ 足場を崩
                          │  壊させる
                          │
                          │           ┌─ クレーンを高所
                          │           │  作業台の柱にぶ
                          │           │  つける
┌──────────┐ ┌──────────┐ ┌──────────┐
│転落作業員を死│ │高所の作業員│ │作業台を崩│─┤ クレーンを
│亡・大けがさせ│─│を転落させる│─│壊させる  │  倒壊させる
│る            │ │            │ │          │
└──────────┘ └──────────┘ └──────────┘  土砂を崩壊
 最上位有害機能                              させる
 （最終損害・損失）
                                            ┌─ 作業台の支え ─ 大きな揺れを
                                            │  棒をはずす    発生させる
        ↕
                          ┌─ 高所作業員 ─ 足場を滑 ─ 雨を降ら
                          │  がバランス    らせる      せる
                          │  を崩す
上位機能 ←─────────────────────────
```

　VEの機能分析アプローチの論理に着実に従って，すべての原因系の要因を有害機能表現に変換し，それらをすべて「目的－手段の関係」で関連づける作業は，思考的に馴れていないと結構時間がかかる。そこで，有害機能体系図の簡易テクニックも用意している。

【有害機能体系図（簡易版）の作成上の留意事項】

　簡易テクニックも基本的には機能分析アプローチに準拠しているが，「目的追求質問"それは何のためか？"」を繰り返して上位の有害機能を追求する際には，大きな目的1つに集約して簡易版シート上の行方向（この形式では左⇒右方向）だけ視野に入れればよい方式になっている。

　なお，本ケースを簡易版で体系化した結果は，図表7－6に示すとおりである。

図表7－6　「有害機能体系図（簡易版）」の作成例（一部）

（損失をもたらす原因系要因）	（名詞＋動詞）有害機能の定義	有害機能の上位追求：『何のために？』3～(Max5回)上位追求		
足場崩壊	足場を崩壊させる	高所の作業員を転落させる	転落作業員を地面に叩きつける	転落作業員を大けが(死亡)させる
重機衝突	重機を作業台にぶつける	作業台を傾ける	作業台の作業員を転落させる	転落作業員を大けが(死亡)させる
クレーンワイヤ切断	クレーンのワイヤーを切る	クレーンを作業台に接触させる	作業台の支え棒を外す	高所の作業員を転落させる
天候不順	雨を降らせる	作業台を雨で濡らす	作業台上の作業者を滑らせる	高所の作業員を転落させる
○○○				

（4）　STEP 4：リスクネックゾーンの把握

【目的】

「有害機能体系図」や「対象システムの外観図（あるいは現場写真など）」を参考にして，対象システムの中で最終的な損害・損失の引き金になりかねない脆弱領域，つまり「リスクネックゾーン」を探索する。

【方法】

対象システムに対して最悪の結果を出す方法を思考して，対象システムの中で安全対策等が十分なされていない抜け道（"リスクネックゾーン"）を把握するように心がける。

【手順】

①　「有害機能体系図」や「対象システムの外観図」を参考にして，

最終的な損失・損害につながりそうなリスクネックゾーンを探索する。
② リスクネックゾーンの対極にあるのは，安全設計等が万全な箇所であり「頑強（ロバスト）ゾーン」と呼称する。
③ リスクネックゾーンを探索する際には，頑強な箇所の対極を探すことになるが，以下に記す「リスクネックゾーン把握用チェックリスト」も参考にするとよい。

【リスクネックゾーン把握のための留意事項】
リスクネックゾーンを把握するための「チェックリスト」を作成したので，これを参考にリスクネックゾーンの把握に抜けがないように留意する。

【リスクネックゾーン把握用チェックリスト】
① 物質，エネルギーまたは情報が"集中するゾーン"はないか
　"集中するゾーン"とは，条件のわずかな変更で大幅な変更を余儀なくされる部分である。
② 物質，エネルギーまたは情報の"強い流れが存在するゾーン"はないか
　"強い流れが存在するゾーン"とは，"過度に集中する部分"のことである。
③ 物質，エネルギーまたは情報の流れが"交差するゾーン"はないか
　"交差するゾーン"は通常，事前に何かの手が打たれているものであるが…。
④ 2つ以上の"相対立する要件が求められているゾーン"はないか
　"相対立する要求を満たさなければならないゾーン"には混乱がつきものである。

⑤ ブラインドとなるゾーンはないか

"ブラインドとなるゾーン"とは，見えない・手が届かないというような箇所のことである。

⑥ いわくつきのゾーンはないか

"いわくつきのゾーン"とは，昔から何度も問題が発生した…というような箇所である。

⑦ まったく目立たないゾーンはないか

"目立たないゾーン"とは，安全なのではなく，たまたま今まで無事だったのである。

本ケースではリスクネックゾーンは複数考えられるが，ここでは，その中の1つとして「高所作業台の支え棒の溶接部」（図表7－7参照）をリスクネックゾーンとして抽出した。

図表7－7　リスクネックゾーンの把握（一例）

リスクネックゾーン：「高所作業台の支え棒の溶接部」

リスクネックゾーン

鋼材が溶接されている

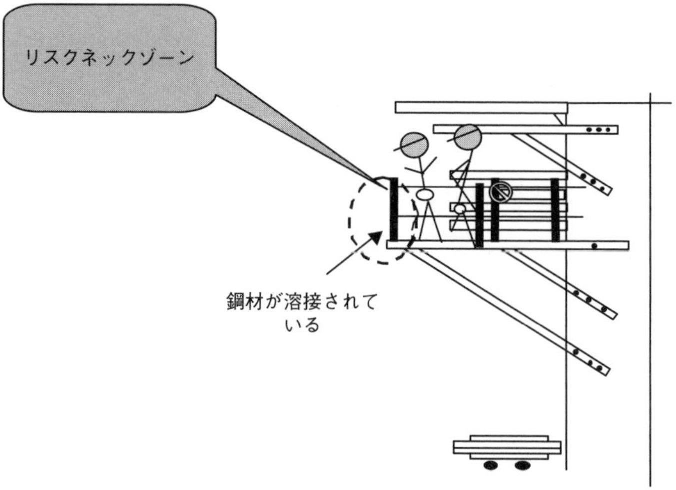

3．"逆転発想アプローチ"の創造段階

(1) STEP 5：リスク発生アイデアの発想

【目的】
　リスクネックゾーンに関わりの深い有害機能を明確にして，それらの有害機能を実現するためのアイデアを創造する。

【方法】
　リスクネックゾーンに関連性の深い有害機能を見つけたら，その有害機能を達成できるアイデアを機能本位に発想する。この場合のアイデアとは，あくまでも"リスクネックゾーンにかかわるリスクを実現する方法"のことであり，"負のアイデア"のことである。

【手順】
① STEP 4で設定したリスクネックゾーンと関連性が高い有害機能を探索し，その有害機能を起点に，「最上位有害機能（最終的な損害・損失）」にたどり着くための各々の有害機能の結びつきを「目的思考（目的−手段の論理）」で検討して，「有害機能のクリティカルパス(注2)」（図表7−8参照）を把握する。
② 把握したクリティカルパス上の各々の有害機能が，リスクネックゾーンにかかわるリスク発生の核心部になっていることを確認する。
③ リスクネックゾーンと関連が深い有害機能をスタートにして，各有害機能を実現するためのアイデアを多様な観点から発想する。なお，有害機能本位に発想したアイデアがリスク発生アイデアということになる（図表7−8参照）。

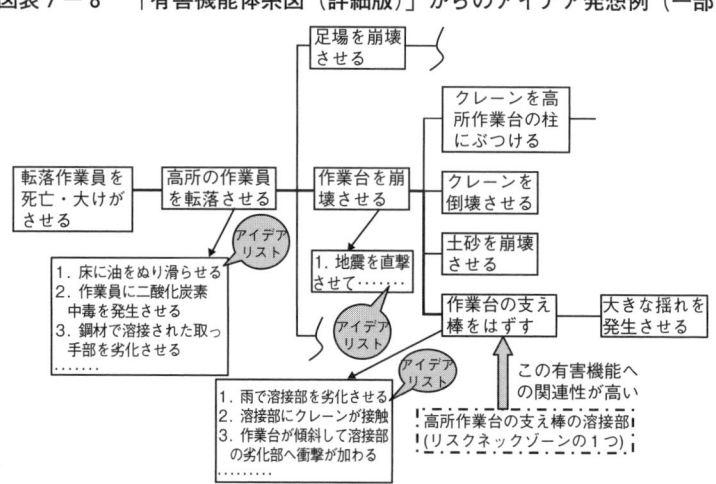

図表7－8　「有害機能体系図（詳細版）」からのアイデア発想例（一部）

```
                    ┌─足場を崩壊─┐
                    │ させる      │
                    │             │      ┌─クレーンを高─┐
                    │             │      │ 所作業台の柱  │
                    │             │      │ にぶつける    │
┌─転落作業員を─┐┌─高所の作業員─┐┌─作業台を崩─┐┌─クレーンを─┐
│ 死亡・大けが  ││ を転落させる  ││ 壊させる    ││ 倒壊させる  │
│ させる        ││               ││             ││             │
└───────┘└───────┘└───────┘└───────┘
         ┌─アイデア─┐                   ┌─土砂を崩壊─┐
         │ リスト    │                   │ させる      │
      ┌──────────┐  1.地震を直撃       └───────┘
      │1.床に油をぬり滑らせる│   させて……    ┌─作業台の支え─┐┌─大きな揺れを─┐
      │2.作業員に二酸化炭素  │                │ 棒をはずす    ││ 発生させる    │
      │  中毒を発生させる    │ ┌─アイデア─┐ └───────┘└───────┘
      │3.鋼材で溶接された取っ│ │ リスト    │        ↑
      │  手部を劣化させる    │ ┌─アイデア─┐ この有害機能へ
      │……                    │ │ リスト    │ の関連性が高い
      └──────────┘ ┌──────────┐ ┌─────────────┐
                         │1.雨で溶接部を劣化させる │ │高所作業台の支え棒の溶接部│
                         │2.溶接部にクレーンが接触 │ │（リスクネックゾーンの1つ）│
                         │3.作業台が傾斜して溶接部 │ └─────────────┘
                         │  の劣化部へ衝撃が加わる │
                         │……                       │
                         └──────────┘
```

（注2）有害機能のクリティカルパス
　　計画の進行状況をチェックするうえで，最も危機的な部分。計画の進行において最大の障害となる箇所である。

【留意事項】

① 　図表7－8上のアイデアはほんの一部を記述しているにすぎないので，実際活動では数多くのアイデアを創造することが大切である。

② 　対象システムが周辺環境に多大な損害を与える危険性が想定される場合には，クリティカルパス以外の機能系列からもリスク実現のアイデアを発想するほうが望ましい。実務的には，その時の状況判断で決めることになる。

③ 　簡易版の有害機能体系図からアイデアを発想する場合も，基本的な考え方は同じであり"リスクネックゾーンに関連の深い有害機能"から機能本位にアイデアを発想する"ことになる（図表7－9参照）。

第7章　逆転発想アプローチによるリスクマネジメント【ケース1】　135

なお，図表7-9の内容を「アイデア発想用のワークシート」にまとめたものが図表7-10である。

図表7-9　「有害機能体系図（簡易版）」からのアイデア発想例（一部）

（損失をもたらす原因系要因）	（名詞＋動詞）有害機能の定義	有害機能の上位追求：『何のために？』3～(Max 5回)上位追求		
足場崩壊	足場を崩させる	高所の作業員を転落させる	転落作業員を地面に叩きつける	転落作業員を大けが(死亡)させる
重機衝突	重機を作業台にぶつける	作業台を傾ける	作業台の作業員を転落させる	転落作業員を大けが(死亡)させる
クレーンワイヤ切断	クレーンのワイヤを切る	クレーンが作業台に接触する	作業台の支え棒が外れる	高所の作業員を転落させる
天候不順	雨を降らせる	作業台を雨で濡らす	作業台の作業者が滑る	高所の作業員を転落させる
○○○				

アイデアリスト
1. 雨で溶接部を劣化させる
2. 溶接部にクレーンが接触
3. 作業台が傾斜して溶接部の劣化部へ衝撃が加わる
　………

高所作業台の支え棒の溶接部
（リスクネックゾーンの1つ）

図表7-10　有害機能別アイデア発想ワークシート（一部）
リスクネックゾーンにかかわる有害機能からのアイデア発想
（野外高所作業のケース）

リスクネックゾーンにかかわる有害機能	有害機能を達成するためのアイデア
作業台の支え棒をはずす	①雨で溶接部を劣化させる ②溶接部にクレーンが接触する ③作業台が傾斜して溶接部の劣化部へ衝撃が加わる
作業台を崩壊させる	①地震を直撃させて…… ②……
高所の作業員を転落させる	①床に油をぬり滑らせる ②……

【固定観念を打破する創造力について】
　有害機能を達成するためのアイデアを発想することは，一見すると奇異に思うかもしれないが，本質は通常のアイデア発想となんら変わることはない。
　たとえば，"火を発生させる"ためのアイデアを考えたとしよう。実際に火を起こすアイデアを出して，その結果が寒さをしのぐ目的に使われれば，それは生活に役立つ通常のアイデアになる。しかしその一方で，他人の家を燃やすためにそのアイデアを使えば，負のアイデア（すなわち，リスク発生のアイデア）になるのである。
　このように，アイデアは最終的には使う人の考え方に依存する。しかし，そのもととなるアイデアは，有益であれ有害であれ，機能本位に，現状にこだわらずに固定観念を打破する創造力が必要とされるのである。
　なお，創造力とは，一般的には「過去の経験知識の解体・結合力である」と定義されているが，この定義内容をビジュアル的に示すと，図表7－11のようになる。

【創造力を阻む3つの関所の除去】
　アイデア発想の原動力ともいえる創造力を伸ばすには固定観念の打破が重要であるが，これは口でいうほど容易なことではない。なぜならば，人間は通常「創造力を阻む3つの関所」（**図表7－12参照**）にアイデア発想を縛られるケースが多いからである。
　したがって，今後アイデア発想を行っていく段階では，この3つの関所を意識的に除去していく努力が求められる。

【創造技法の活用～ブレーン・ストーミング法】
　創造力を阻む3つの関所を効果的に除去していくためには，創造技法を活用することも重要である。ここでは最も活用頻度が高い「ブ

図表7－11　創造力とは

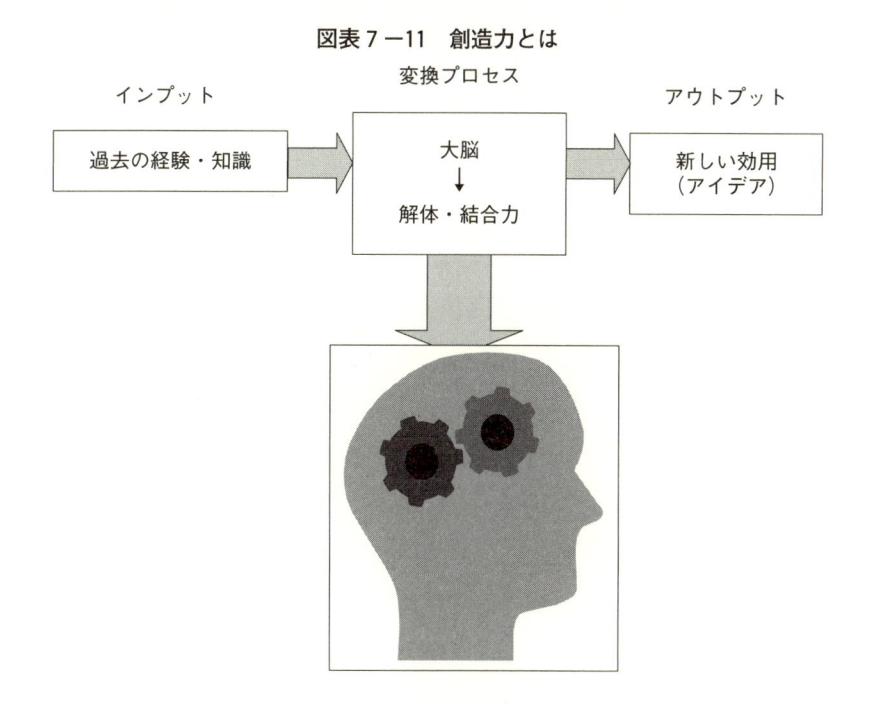

インプット　　　　変換プロセス　　　　アウトプット

過去の経験・知識　→　大脳　↓　解体・結合力　→　新しい効用（アイデア）

レーン・ストーミング法」について紹介する。

ブレーン・ストーミング法の概要は**図表7－13**に示すとおりである。

【本STEPの位置づけ】

ところで，逆転発想アプローチは，正確には「逆転発想による創造的リスクマネジメント」と呼称されている。つまり，"創造力"が本手法（逆転発想アプローチ）では非常に重要なウエイトを占めているのである。とくにSTEP 5 は，この創造力が最も求められる段階に位置づけられていることを忘れないでほしい。というのも，従来型リスクマネジメントの基本ステップにはこの創造ステップ自体，準備されていないからである。

図表7－12　創造力を阻む3つの関所

認識の関～知覚的障害（Perceptual Block）
問題の存在に気がつかなかったり，問題点を誤って捉えることから生じる障害 （主な現象） ・周囲の問題に惑わされて本当の問題がつかめない ・異なったものの間から共通点が引き出せない ・自分でつくった条件に縛られる ・目的と手段，本質と影響の取り違い ・表面上似ているから同じであると考えてしまう etc
文化の関～社会的障害（Cultural Block）
社会生活を営むうえで法律・規則・道徳・習慣など特定の範囲に束縛されることによって，思考範囲を常識の枠にはめ込み固定化させることから生じる障害 （主な現象） ・型にはめたい，はまりたい ・何でも聞きたがるのは品が悪い ・推理と論理万能主義 ・競争と協調のしすぎ ・統計の鵜呑み etc
感情の関～心理的障害（Emotional Block）
感情的動因の欠如あるいは劣等感，考え方の固定化など感情・性格が起因しアイデアの発想を妨げる （主な現象） ・批判家が怖い ・あせってゆとりがない ・特定の人に対し感情的になる ・動くのが面倒である ・気力がない etc

　したがって，このSTEPではリスク発生にかかわるアイデアをたくさん発想することが最優先事項であり，そういう意味では，このSTEPは「発散段階」ということになる。

　なお，発想したアイデアを絞り込み，その実現可能性を見極めてい

図表7-13 ブレーン・ストーミング法の概要

ブレーン・ストーミング法

ブレーン・ストーミングとは、あるひとつの問題について、何人かの人が集まって、集団の効果を生かし、アイデアの連鎖反応を巻き起こして、自由奔放にアイデアを出そうとする会議方式である。普通の会議との違いは『4つの規則』を遵守することである。

4つの規則
1. 良い悪いの判断お断り
2. 自由奔放を歓迎
3. 量を求む
4. 他人のアイデアの改善・結合を求む

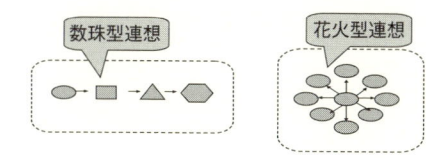

数珠型連想　　花火型連想

く「収束段階」は次STEP以降ということになる。

(2) STEP 6：リスク発生リソースの把握

【目的】

STEP 5で発想したアイデアの実現可能性の有無（対策案を検討する必要があるかどうか）を検討・評価する。

【方法】

① STEP 5で発想した複数のアイデアの実現可能性の有無（対策案が必要なほど実現化する可能性が高いか否か）について検討する。
② 具体的には、**図表7-14**に示す「リスク発生アイデアの実現性評価シート」を利用して、アイデアを成立させるための実現化条件を整理し、それをもとにアイデア実現に必要な資源、すなわち"危険な資源（リソース）"を把握する。そして、この危険な資源の有無を材料にしてアイデアの実現可能性を評価する。

【手順】

① 「有害機能」,「リスク発生アイデア」の転記

　STEP 5 で発想した「リスク発生アイデア」を,その「有害機能」ごとに「リスク発生アイデアの実現性評価シート」(図表 7 －14参照)に転記する。

　なお,類似するアイデアは集約してから転記するように心がける。

② 「実現必要条件」,「関連リソース」の記入

　シートに転記したアイデアについて,それを実現するために必要な「実現必要条件」と,その実現のための「関連リソース(資源)」を検討し記入する。

③ 関連リソースの"発生の可能性"の評価

　各リソースが何かを確認したうえで,その「発生の可能性」を,

図表 7 －14　リスク発生アイデア実現性評価シートの記入項目

有害機能：①							
リスク発生アイデア ①	実現必要条件 ②	関連リソース ②	発生の可能性 ③				アイデア実現性(発生確率) OR関係／AND関係を考慮する ④
			高い	中	低い	なし	
有害機能：							

Aレベル：発生確率高～中　　Bレベル：発生確率中～小
Cレベル：発生確率小　　Dレベル：発生確率極めて低い

「高い，中，低い，なし」で評価する。

④ 可能性の評価

ここまで記入した状況を見て，各アイデアの実現性を判断する。各アイデアは，「リソース1つの存在のみでアイデアが実現するもの（リソース間はOR関係）」と「リソースの複数セットが存在して初めて実現に至るもの（リソース間はAND関係）」の2つのタイプが存在する。したがって，各アイデアがいずれのタイプかを検討・考慮したうえで総合的な判断を行うことが重要である。

なお，評価は以下のA～Dレベルの4段階で行い，シートに記入する。

> Aレベル：発生確率：高～中
> Bレベル：発生確率：中～小
> Cレベル：発生確率：小
> Dレベル：発生確率：極めて低い

【留意事項】

① 評価シートの「リスク発生アイデア（いわゆる"アイデアリスト"）」に記入する前に，STEP5で発想したアイデアの集約作業を行う。この場合の集約とは，ある程度類似するアイデアをグルーピング化して集約するという意味と，アイデアの数が多い場合は，アイデアの実現可能性について技術性や経済性の観点から一次評価（いわゆる"荒ぶるい"）を行うという意味も含まれる。

② 転記した各々のアイデアを実現する（リスクを発生させる）ための必要条件を整理するが，この場合の実現必要条件とは，アイデアを成立させるための一般的な条件という意味である。

③ 各実現必要条件にかかわる「関連リソース（危険なリソース）」

の有無を評価して，最終的にそのアイデアの実現性を判断する。ここでいう関連リソースとは，対象システムが保有する"リスクに絡む具体的な内容"のことであり，物質やエネルギーあるいは周辺環境などがかかわってくる。

なお，実現必要条件と関連リソースのつながりを整理すると，**図表7－15**に示すとおりである。

④ アイデアの実現性の評価（A～D段階）は，主観評価で行うことになるが，リスクに対するバイアスは可能な限り排除するように心がけることが重要である。

たとえば，多くの人間は，「自動車，病気，飲酒，喫煙など死亡者数の多いリスクでは，実際より死亡者数を低く認識してリスクを低目に受け止める傾向があるが，洪水，竜巻，中毒など死亡者数の少ない

図表7－15 実現必要条件と関連リソース（危険なリソース）のつながり

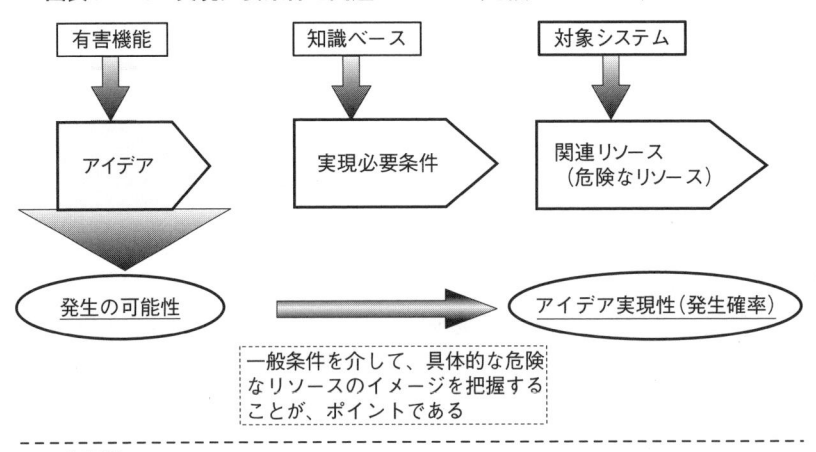

```
 有害機能         知識ベース        対象システム
   ↓              ↓                ↓
 アイデア    →  実現必要条件  →  関連リソース
                                  （危険なリソース）
   ↓
 発生の可能性   ━━━━━━━━━▶  アイデア実現性（発生確率）

        一般条件を介して、具体的な危険
        なリソースのイメージを把握する
        ことが、ポイントである
```

- -

(小事例)
有害機能：家を破壊する
　↓
アイデア：家を燃やす → 実現必要条件 ──→ 関連リソース(危険なリソース)
　　　　　　　　　　　酸素、低湿度　　　　家の空気、ストーブ、散在し
　　　　　　　　　　　（乾燥度）、高　　　た紙、綿ゴミなど
　　　　　　　　　　　熱、火種など

リスクは高目に受け止める傾向が強い」[1]ということを知っておくとよい。

また,「各リスクに対する専門家と一般人との認識の違い」について調査した結果からも,「リスク認識に専門家と一般人で大きな隔たりが生じる項目がある」ことも知られている。

図表7－16 本ケースに関するリスク発生アイデア実現性評価シートの記入例
（一例）

リスク発生アイデア	実現必要条件	関連リソース	発生の可能性 高い	発生の可能性 中	発生の可能性 低い	発生の可能性 なし	アイデア実現性（発生確率）OR関係／AND関係を考慮する
有害機能：「作業台の支え棒をはずす」							
雨で溶接部を劣化させる	酸性雨(水)で接合部(○Hr以上)が劣化進行	○PHの雨（水）		○			Aレベル（採用）
		潮風 ………………		○			
作業台が傾斜して溶接部の劣化部へ衝撃が加わる	作業台設置地盤の軟弱化	地盤の地質				○	Bレベル（採用）
	作業台の劣化	空気中の水分，潮風…			○		
	作業台上の重量オーバー	作業台の作業員の体重		○			
						○	
有害機能：「高所作業員を転落させる」							
床に油を塗る	床が油で滑る	油		○			Bレベル（採用）
		油を運ぶもの（作業員の靴）		○			
二酸化炭素中毒を発生させる	作業員がCO₂を吸う	CO_2 淀んだ空気 ・……			○		Cレベル

Aレベル：発生確率高〜中　　Bレベル：発生確率中〜小
Cレベル：発生確率小　　Dレベル：発生確率極めて低い

たとえば，「原子力に関しては，専門家はあまり危険とは判断していないが，一般人（とくに女性）はかなり危険と認識している」し，逆に「X線や原子力以外の電力，水泳などは専門家は比較的危険と判断しているが，一般人はあまり危険とは認識していない」[2]などである。

なお，本ケースの「リスク発生アイデア実現性評価シート」への記入例を図表7－16に示す。

4．"逆転発想アプローチ"の対策段階

(1) STEP 7：リスク発生シナリオの作成
【目的】

STEP 6で実現可能性が高いと評価した「リスク発生アイデア」を一種の"素材"にして，「損害・損失に至る想定されるプロセス」を論理的，かつ詳細に「リスク発生シナリオ」として描く。

【方法】
① 本STEPでは，図表7－17の「リスク発生シナリオとその対策案検討シート」の左側2つの項目（"最終的な損害・損失"欄と"損害・損失に至る想定されるプロセス"欄）を検討し，リスク発生シナリオを作成する。
② リスク発生シナリオの作成時には実現可能性の高いアイデア（通常はBレベル以上）をシナリオ作成の素材として活用する。
③ 素材となるアイデアは，直接的には各アイデアに対応した有害機能の実現に役立つアイデアであるが，最終的に最上位有害機能（"最終的な損害・損失"欄に対応）に結びつくように論理的に作成する。

第7章　逆転発想アプローチによるリスクマネジメント【ケース1】　145

図表7-17　本ケースのリスク発生シナリオとその対策案検討シートの記入例

リスク発生シナリオ		関連リソース (危険なリソース)	対策案	評価
最終的な損害・損失	損害・損失に至る想定されるプロセス			
高所作業台から何名かの作業者が転落して、○名が大けが、○名が死亡	高所作業台の支え棒の溶接部が劣化して、支え棒の劣損により、高所作業床が脱落し、作業員が転落したので			
高所作業台が突然傾き、○名の作業員が作業台の取っ手に体をぶつけて負傷	作業台の土台が経年劣化（潮風など）で弱まっていたうえに、作業員の重量オーバーが重なり、土台部の一部支柱が破損したので			

【手順】

① 前STEPで採用したアイデアを"素材"にして、「最終的な損害・損失」に至るまでのプロセスをできる限り詳細に「損害・損失に至る想定されるプロセス」欄（シートの左側2列目の欄）に描く。

② 「損害・損失に至る想定されるプロセス」にシナリオを記述する際には、他の有害機能から発想されたアイデアも1つのシナリオとして無理なく統合化できると判断した場合には、合体を試みる。

③ ただし、他の有害機能から発想されたアイデアが統合化できないと判断した場合には、無理をせずに、もう1つ別の独立したリスク発生シナリオとして検討・作成する。

【留意事項】

① リスク発生シナリオは、「最終的な損害・損失」と「損害・損失に至る想定されるプロセス」の2列の内容から構成されるが、必ず2列目の「損害・損失に至る想定されるプロセス」を記述した後

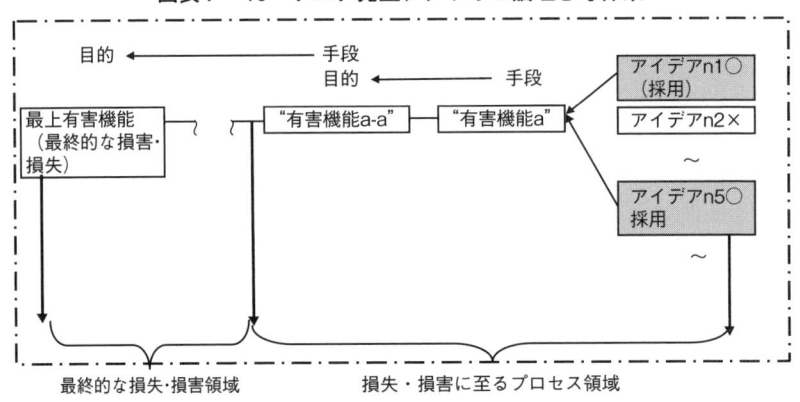

図表7－18　リスク発生シナリオの論理思考体系

```
        目的 ←――――― 手段
                目的 ←――――― 手段      ┌─────────┐
                                        │ アイデアn1○ │
┌──────┐   ┌──────┐   ┌──────┐        │  (採用)    │
│最上有害機能│   │"有害機能a-a"│   │"有害機能a" │        ├─────────┤
│(最終的な損害│   └──────┘   └──────┘        │ アイデアn2× │
│・損失)    │                                  └─────────┘
└──────┘                                        ～
                                               ┌─────────┐
                                               │ アイデアn5○ │
                                               │  採用     │
                                               └─────────┘
                                                  ～

  最終的な損失・損害領域    損失・損害に至るプロセス領域
```

に，「最終的な損失・損害」を記述するように試みることが重要である。

② 「損害・損失に至る想定されるプロセス」のシナリオ内容から，どんな有害機能が達成され，それが結果的にさらにどんな上位の有害機能に結びつき，最終的な損害・損失に至っているのかが論理的に明確に記述されていなければならない（図表7－18参照）。

(2) STEP 8：リスク対策案の作成

【目的】

STEP 7で作成したリスク発生シナリオが現実化しないように，関連リソース（危険なリソース）の除去，あるいはシナリオ発生プロセスの変更を行うことで，リスク発生を未然に防げる対策案を検討する。

【方法】

① 図表7－17に示す右側3つの項目（"関連リソース"欄，"対策案"欄と"評価"欄）を検討して，リスク発生の未然防止案（対策

案）を作成する。
② 前STEPで作成したリスク発生シナリオの内容を検証し，最終損害・損失に至るプロセス内容を正しく理解する。
③ リスク発生シナリオを回避するための対策アイデアを検討する。具体的には，最初に関連リソース（危険なリソース）を確認・列挙した後で，**図表7－19**に示した対策案検討の観点を参考にして対策案を作成する。
④ 検討した対策アイデアの評価を行い，問題がなければ採用する。
なお，評価項目としては，基本的に「実現可能性（技術的側面）」や「経済性（実現に必要なコスト）」，「その効果性（対費用効果）」などを考慮して総合評価を行う。

図表7－19　危険なリソース（関連リソース）と対策案検討の観点

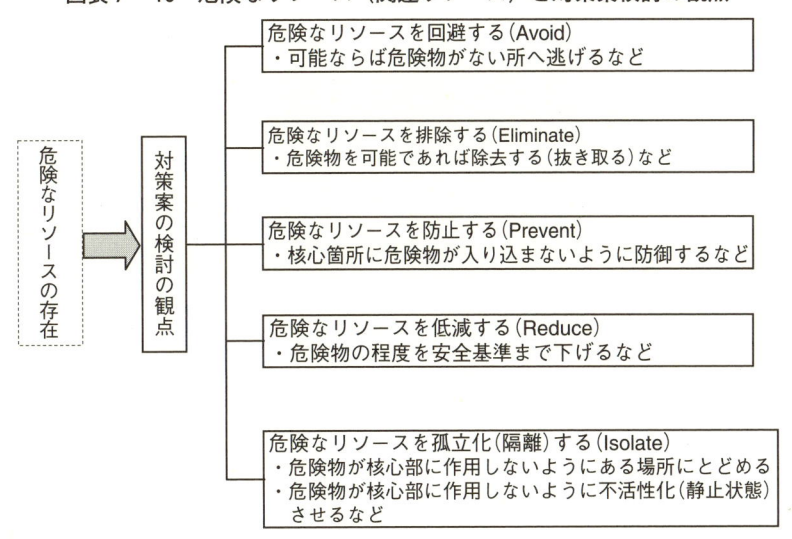

危険なリソースの存在 → 対策案の検討の観点

- 危険なリソースを回避する(Avoid)
  ・可能ならば危険物がない所へ逃げるなど
- 危険なリソースを排除する(Eliminate)
  ・危険物を可能であれば除去する（抜き取る）など
- 危険なリソースを防止する(Prevent)
  ・核心箇所に危険物が入り込まないように防御するなど
- 危険なリソースを低減する(Reduce)
  ・危険物の程度を安全基準まで下げるなど
- 危険なリソースを孤立化(隔離)する(Isolate)
  ・危険物が核心部に作用しないようにある場所にとどめる
  ・危険物が核心部に作用しないように不活性化(静止状態)させるなど

【手順】
① 「損害・損失に至る想定されるプロセス」のシナリオ中に存在が確認できる「関連リソース」を列挙する。
② 「関連リソース」を参考にして対策案を検討する。この際,「関連リソースと対策案検討の観点」(図表7－19参照)を参考にして対策案を検討することが重要になる。
③ 各対策案の評価は,基本的には,技術的可能性,経済的評価などの複数の観点から行う。
④ 評価の高いものを採用し,実際に職場で実行するように周知・徹底する。

【留意事項】
① 前STEPですでにアイデアに対応する関連リソースは把握してい

図表7－20 本ケースに関する対策案検討シート（記入例）

リスク発生シナリオ		関連リソース（危険なリソース）	対策案	評価
最終的な損害・損失	損害・損失に至る想定されるプロセス			
高所作業台から何名かの作業者が転落して,○名が大けが,○名が死亡	高所作業台の支え棒の溶接部が劣化して,支え棒の劣損により,高所作業床が脱落し,作業員が転落したので	・酸性雨 ・潮風 ・鋼材でできた支え棒 ・劣化した溶接部 ・作業員の重量	雨が降っても支え棒が濡れないように防水加工を施す	○
			高所作業台に作業後カバーをかける	○
			もう一度溶接を施す	○
高所作業台が突然傾き,○名の作業員が作業台の取っ手に体をぶつけて負傷	作業台の土台が経年劣化（潮風など）で弱まっていたうえに,作業員の重量オーバーが重なり,土台部の一部支柱が破損したので	・潮風 ・鋼材でできた支柱 ・作業員の重量 …	・重量制限プレートを作業台正面に貼る	○
			・支柱の早急の補修（厚い鋼板に変更）	△（一部調査）
			……	

るが，この段階では作成したリスク発生シナリオの内容を確認のうえ，改めて記入漏れの「リソース」がないかを検討することが重要である。つまり，STEP 7で記述したリソースを機械的に転記することは避けなければならない。

② 「関連リソースと対策案検討の観点」は，検討上のポイントの偏りや漏れをなくすために重要である。

図表7－20に，本ケースに関する対策案検討シート（記入例）を示す。

5．対策案の実行とリスクマネジメント力の向上

(1) 対策案の実行

これで逆転発想アプローチの8ステップを終了したことになるが，ここで決定した一連の対策案を単なる"案"のままで放置していては何にもならない。あくまでもこの後，実行に移していくための活動とセットになっていなければならないのである。

たとえば，対策案を"実際業務の仕組みの中に組み込む"ことや，対策案実施に向けて"マニュアルを作成する"なども重要な活動である。あるいは，対策案の実施がスムーズ，かつ継続的に行えるように，"社内勉強会や説明会"なども速やかに行う必要性もあるだろう。

本章で扱ったケースでいえば，「雨が降っても支え棒が濡れないように防水加工を施す」といった対策案は，直ちに「溶接部にグリス塗布や防錆コーティング等を施す」ことで実行できるであろうが，これを「恒常的に確認できる体制を業務の中に築くこと」がより大切なことである。

このように，他の対策案に関しても，恒常的に実施できる体制づく

りまで視野に入れて実施することが重要である。

(2) リスクマネジメント力の向上

実は，逆転発想アプローチによる効用は，有効な対策案を検討しそれを実行することだけではない。前章でも触れたように，逆転発想アプローチの実践過程を通して，過去に発生した事故だけでなく未知のリスクについても，どこにどのように存在するのかを感知することが可能になる。

また，この手法の実践によって創造的にリスクを検討する能力も備わるので，「リスクの前兆を予知する能力＝リスクに対する感受性」を高める効果もある。さらに，職場のメンバーと共同で本手法（逆転発想アプローチ）を実践することができれば，リスクの存在箇所を共有できるうえに，リスクに対する感受性をお互い高め合うという相乗効果も期待できる。

【参考文献】
1） 田辺和俊『ゼロから学ぶリスク論』（日本評論社，2005）
2） 中谷内一也『環境リスク心理学』（ナカニシヤ出版，2003）

第8章 IT系サービスのリスクマネジメント
◎ケース2◎

1．IT社会と逆転発想アプローチの必要性

(1) 企業が直面するIT系リスク

　コンピュータやネットワークを積極的に活用して情報のやり取りを行うことが一般の消費者にとっても当たり前の時代になってきた。コンビニエンスストアに行けば，基本的に深夜でもATMでお金を引き出せるし，パソコンを通じてインターネットに接続すれば自宅で銀行との取引も可能である。さらに最近では電子マネーが携帯電話と連携する時代になってきている。

　このようにIT環境の社会への浸透は急速な勢いで進んでおり，ほんの10年前には夢に近かった話（たとえば，携帯電話のEマネー機能でターミナル駅のショッピングモールで買物ができるなど）も現在ではすでに実現しているケースも多い。

　このように変化が激しい時代になると，それに伴うリスクも多種多様になり，過去の発生事故等の検証による対処だけでは対策も後手に回ってしまう可能性が強い。たとえば，最近話題になることが多い「スキミング被害」や「フィッシング詐欺」（図表8－1参照）などは対策が後手に回った典型的なケースといってもよいだろう。

そこで本章では,「IT系リスク」に対処する手段として,「逆転発想アプローチ」を活用したケース（事例）について紹介する。

すでに前章でも説明しているが,本手法が「新手のリスクに対する対策案を創造する能力」を伸ばし,「リスクに対する感受性を向上」させる効果があることを,適用事例を通してイメージしていただければ幸いである。

図表8-1　IT系リスクの代表例

スキミング被害	カード社会の落とし穴ともいえるリスクである。キャッシュカードの磁気データが,本人の知らない間にスキマーという機器で盗まれ,カード自体は本人が所有しているにもかかわらず,知らぬ間に預金口座から現金が引き出される被害である。
フィッシング詐欺	Phishingというスペルであるが,個人情報を「釣り上げる」という意味のfishingと,「巧妙な」のsophisticatedを合わせた造語である。この被害は,大手企業が発信した電子メールであるかのように装って個人情報を聞き出し,その個人情報の漏洩から後で銀行口座等からお金が盗まれるなどの被害である。

(2)　IT系リスクの定義

本書で対象とするIT系リスクも,当然のことながら広義のリスクマネジメントが大前提であり,損害・損失が現実化しないように,発生自体の防止から検討することが重要である。したがって,本書で対象とするIT系リスクを改めて定義風に整理すると,以下に示すようになる。

> **（企業が直面する）IT系リスクとは**
> 情報技術分野を司る領域で,とくにコンピュータとネットワークを利用したデータ収集や処理にまつわる損失という"悪い結果"と,その結果をもたらす"原因"が存在する社内外の,とくに情報通信に関連した状況あるいは環境のことである。

図表8－1で示したIT系リスクは、従来の典型的なIT系リスクである「PCのウイルス感染」のように、最近では有効な対策案（「ワクチンソフトの開発」など）が準備されつつあるものの、当初は想定外（未知）のリスクということで、直面した企業は対応が後手に回り、企業イメージを低下させたケースもある。

最近では、スキミング被害に対する対応が鈍かった銀行が、リスク負担はすべて顧客側にあるかのようなアナウンスをしてしまい、一時、大きな批判を浴びたことなどは典型的なケースかもしれない。

2．逆転発想アプローチが有効なIT系リスク

第4章で紹介したKYTやKYKを従来の代表的なリスク管理手法の1つとして想定した場合、これらの手法の適用場面はそのほとんどが現場作業の危険回避を目指したものであり、具体的には作業者や機械・設備等の物理的な安全管理面に重点を置いたものになっている。しかもその危険予知を行う思考も、過去のヒヤリ・ハットや災害から学び、危険に対する予知能力を高めるという極めて合理的な思考訓練に基づいている。

しかし、このような思考訓練では「（過去に）なぜそのような不具合が起こったのか？」が思考の出発点になるので、場合によっては「自身の過去の狭い範囲の経験・知識に基づいた原因追究型思考に陥る危険性」がある。しかし、第6章でも触れているが、逆転発想アプローチは「過去に発生した不具合をいかにして起こすか」を思考の出発点にしているので、不具合の対策思考が過去の失敗例だけに限定した過去検証型アプローチにはなっていない。

つまり、災害等の不具合現象を過去の不具合から見つけ出すのでは

なく，不具合現象を"一種の実現したい事柄（各々のリスクに対応）"として捉え，その実現方法を基本的に機能分析アプローチ（目的－手段の論理）によって創造しているわけである。これが逆転発想アプローチの最大の特徴である。

したがって，本章では，逆転発想アプローチに基づいたいわゆる"未来思考型リスクマネジメント"をKYTやKYKなどの"従来型アプローチ（分析型アプローチ）"を効果的に補完できる十分条件として考えることにしたい。とりわけ，変化のスピードが速いIT分野では，従来のKYTやKYKだけではIT系リスクに迅速に対処できないので，逆転発想アプローチに基づいた"未来思考型リスクマネジメント"こそが，新手のリスクが極めて多いIT分野でより効果的であると考える。

3．逆転発想アプローチによるIT系サービスのリスクマネジメント事例

(1) 対象システムの設定：STEP1

本事例は「英会話e-ラーニングシステムの開発・運用委託」が対象システムである。本対象システムは，旅行代理店A社から英会話e-ラーニングシステムの開発・運用委託を受注したB社の立場で検討することになる。

なお，本対象システムは，情報通信にかかわるIT系リスクに対処するための内容になっており，ケース事例（図表8－2参照）と本ケースの対象システムの概念図（図表8－3参照）は，以下に示すとおりである。

第8章　IT系サービスのリスクマネジメント【ケース2】　155

図表8-2　ケース事例

e-ラーニングに対する企業の関心が非常に高まっている。
　このような背景から、旅行代理店A社では、海外旅行を予定している人向けに格安の英会話授業を提供するe-ラーニング事業に乗り出すことになった。
（授業提供方法）
1) 旅行代理店A社の窓口（支店が都内に多数あり）で2000円のプリペイドカードを販売する
2) カードに記載してあるアクセス番号で旅行代理店のホームページにアクセスする
3) 1ヵ月（30日）の範囲内で、50分授業を15回まで受講できる．
　条件：PCのTV電話とマイク付きヘッドホーン（キャンペーン中は無料）を活用する．
4) レッスン後の質問等はeメールで受けつける
5) 継続したい場合、A：再度プリペードカードを購入する（テンポラリー型）
　　　　　　　　　　B：月決めコース（3000/月×12ヵ月契約）何回でも受講可能（レギュラー型）
・レギュラーコースの申し込みはインターネット上の決済を想定（将来は電子マネー決済もあり）

↓

想定されるリスク管理項目
・コンテンツ等のバックアップシステム
・eメール等によるドキュメント（クライアント質問含む）の管理
・ライセンスやバージョンアップ管理
・クライアントPCなどの管理（台数、場所等の把握など）
・セキュリティの徹底など

↓

旅行代理店A社ではe-ラーニングの運用を自社内ではなく、アウトソーシング型で行う予定である

図表8-3　対象システム（英会話e-ラーニングシステム）の概念図

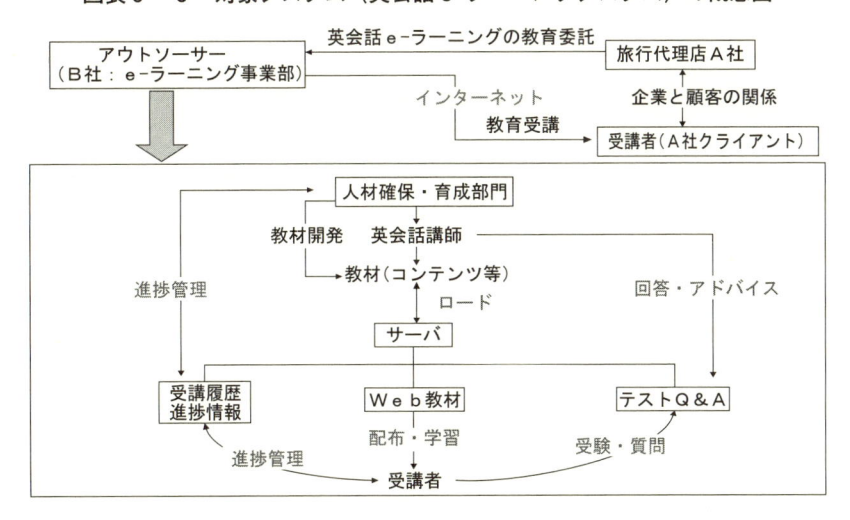

```
アウトソーサー ←―英会話e-ラーニングの教育委託――  旅行代理店A社
(B社：e-ラーニング事業部)                         企業と顧客の関係
                         インターネット
                         教育受講          →     受講者(A社クライアント)
```

　　　　　　　　　人材確保・育成部門
　　　教材開発　　英会話講師
進捗管理　　　　教材（コンテンツ等）　　　　回答・アドバイス
　　　　　　　　　ロード
　　　　　　　　　サーバ
受講履歴　　　　Web教材　　　　テストQ&A
進捗情報　　　　配布・学習　　　受験・質問
　　　進捗管理　　受講者

(2) リスク(不具合)状況の整理：STEP 2

本ステップでは，対象システムに発生するかもしれない想定リスクの状況を整理する。具体的には「最終的な損害・損失(いわゆる最終的な悪い結果)と損害・損失をもたらす原因系」を関連づけて整理する(図表8－4参照)。

ここまでの作業は，原則的には通常の原因追究型アプローチと同じである。

図表8－4　本ケースのリスク状況整理表

最終的な損失(最終的な悪い結果)	損失をもたらす原因系要因
B社の莫大な資産の損失と企業の信頼性の低下	①IDやパスワードが盗まれる ②ヘッドホンが壊れる ③不正プリペイドカードの出現 ………
システム運用のクレーム発生による企業の信頼性の低下	①講師の対応がルーズである ②講師の回答にクレームがつく ③回答の送信が混線し，質問の送受信の間違い発生 ④個人情報の消失や漏洩 ………
e-ラーニングの提供不全による企業信頼度の低下	①webサーバのダウン ②サーバの情報更新の遅れ ③システムのバグ発生 ④回線ダウン ………
クライアントへの不正請求による企業の信頼度の低下	①不正プリペイドカードの出現 ②顧客の管理ミス ………

(3) 有害機能の体系化：STEP 3

前ステップで作成した「対象システムのリスク状況整理表シート」(図表8－4参照)をもとに「最終的な損害・損失＝最上位有害機能」と位置づけ，さらに「損害・損失をもたらす原因系要因＝各々の

有害機能」と解釈して,「機能分析アプローチの論理(目的-手段の関係で各機能を体系化する手法)」に沿って「有害機能の体系化」を試みる。

具体的には「名詞+他動詞(～を～する／～を～させる)」の機能表現に各リスク内容を修正表現してから,「目的-手段」の論理で有害機能の体系づけを行う。

なお,体系図を作成する際に不足する有害機能に気づいた場合は,随時追加して作成する。また「本ケースの有害機能体系図(詳細版)」は**図表8-5**に示すとおりである。

この段階で,有害機能の個々のつながりが「因果関係=原因追究型思考」とはまったく着想の異なった「目的-手段関係=目的追求型思考」として体系化されることになる。つまり,このステップを経て,

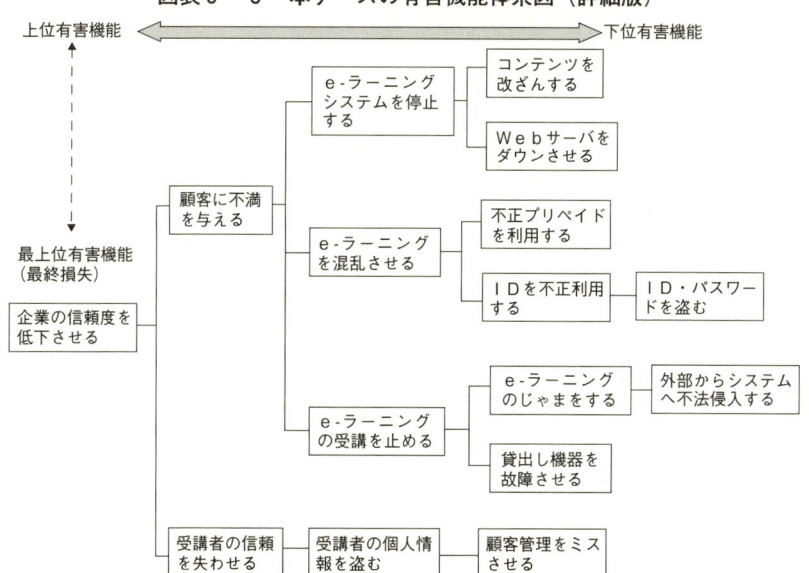

図表8-5 本ケースの有害機能体系図(詳細版)

上位有害機能 ←――――――――――→ 下位有害機能

最上位有害機能(最終損失)
- 企業の信頼度を低下させる
  - 顧客に不満を与える
    - e-ラーニングシステムを停止する
      - コンテンツを改ざんする
      - Webサーバをダウンさせる
    - e-ラーニングを混乱させる
      - 不正プリペイドを利用する
      - IDを不正利用する
        - ID・パスワードを盗む
    - e-ラーニングの受講を止める
      - e-ラーニングのじゃまをする
        - 外部からシステムへ不法侵入する
      - 貸出し機器を故障させる
  - 受講者の信頼を失わせる
    - 受講者の個人情報を盗む
      - 顧客管理をミスさせる

従来のリスク対策的思考（不具合原因追究思考）から，有害機能を意図的に再現する逆転発想思考へ思考自体が大きく転換されることになる。

この思考プロセスの中で「意図的に悪いことを検討するなんてとんでもないことだ」などと思ってはいけない。あくまでもこの思考プロセスがリスクに対する感受性を飛躍的に高める重要なステップになっているのである。

(4) リスクネックゾーンの把握：STEP 4

このステップでは，対象システムの中でリスクに対して"弱い領域"と"強い領域"を区別し，「システム内の最終損害・損失（本ケースの場合は，"e-ラーニングシステムを停止する"など）」を引き起こすのに「大きな引き金になる可能性が高い部分を弱い領域＝リスクネックゾーン」とし，逆に大きな引き金にはなり得ない"ロバスト（頑強）"な部分を強い領域とする。

なお，本ケースでの"リスクネックゾーン"は複数考えられるが，対象システムの概念図上で示すと図表8－6のとおりである。

なお，リスクネックゾーンが多数ある場合は，クリティカルパス（有害機能重点系列）も複数になるケースが想定されるし，場合によっては有害機能体系図も複数存在するケースもありうる。しかし，本ケースの場合は，図表8－5に示した有害機能体系図1つという前提にしている。

なお，リスクネックゾーンには，安全対策が現時点で十分に施されているとは思えない部分や，過去に深刻な事故等が起こらなかったという理由だけで十分留意してこなかった部分等がなるケースも十分考

第8章 IT系サービスのリスクマネジメント【ケース2】　*159*

図表8－6　対象システムのリスクネックゾーン

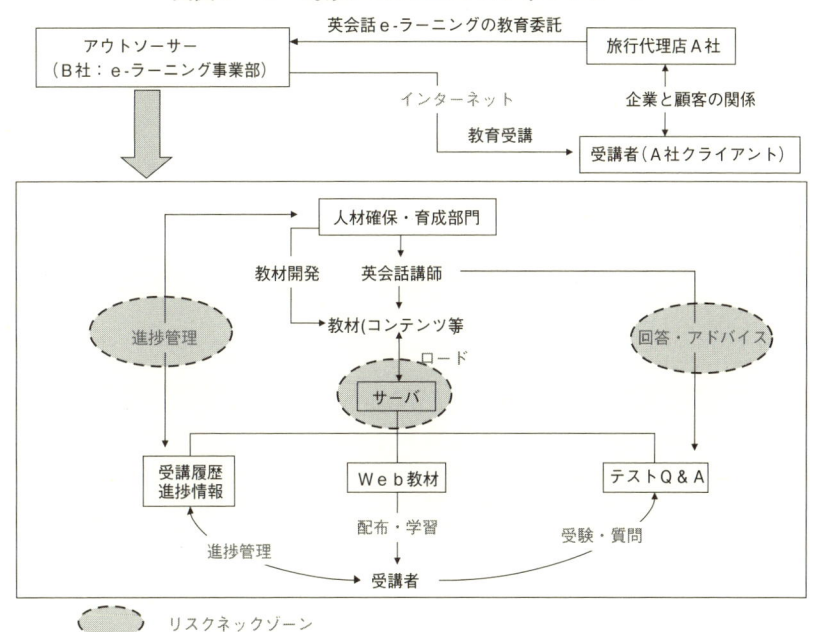

```
┌─────────────────┐  英会話e-ラーニングの教育委託  ┌─────────────┐
│ アウトソーサー    │ ◄──────────────────────────── │ 旅行代理店A社 │
│(B社：e-ラーニング │                                └─────────────┘
│  事業部)         │         インターネット              ▲ 企業と顧客の関係
└─────────────────┘              │                    ▼
         │                    教育受講           ┌──────────────────┐
         ▼                      └──────────────► │受講者(A社クライアント)│
┌────────────────────────────────────────────────└──────────────────┘─┐
│           ┌──────────────┐                                           │
│       ┌──►│人材確保・育成部門│                                           │
│       │   └──────────────┘                                           │
│       │    教材開発 │  英会話講師                                       │
│  ╱⁻⁻⁻╲ │           ▼                              ╱⁻⁻⁻⁻⁻⁻⁻╲        │
│ (進捗管理)         教材(コンテンツ等)              (回答・アドバイス)      │
│  ╲___╱            │  ロード                       ╲_____╱        │
│   ▲               ▼     ╱⁻⁻⁻╲                                      │
│   │              (  サーバ  )                                       │
│   │               ╲___╱                                            │
│   │         ┌──────┼──────┐                                        │
│   │         ▼      ▼      ▼                                        │
│ ┌─────┐  ┌──────┐  ┌────────┐                                      │
│ │受講履歴│  │Web教材│  │テストQ&A│                                      │
│ │進捗情報│  └──────┘  └────────┘                                      │
│ └─────┘     │配布・学習   ▲ 受験・質問                                 │
│   │進捗管理  ▼            │                                          │
│   └────────受講者──────────┘                                         │
└────────────────────────────────────────────────────────────────────┘
  ╱⁻⁻╲
 (    ) リスクネックゾーン
  ╲__╱
```

えられる。このようなリスクネックゾーンは，意外に盲点になっている場合も多いので，この段階で徹底的に対象システムのリスクネックゾーンを認識・定義しておく必要がある。というのも，このようなリスクネックゾーンに「リスク発生に必要なリソース＝危険なリソース」が作用して，関連性の深い有害機能が連鎖的に実現してしまうケースが多いからである。

(5)　リスク発生アイデアの創造：STEP 5

　リスクネックゾーン（図表8－6参照）に関連の深い有害機能を有害機能体系図上で確認してから，その有害機能をもとに最終損害・損失（最上位有害機能）に直結する「一連の有害機能系列からなるクリ

ティカルパス」を把握する。そして，このクリティカルパスにかかわる有害機能を達成するアイデアを発想する。

なお，クリティカルパス以外の有害機能系列からアイデアを発想するケースも当然ありうるが，システムリスクに対して強い領域（ロバストネスゾーン）に関連する有害機能からあえてアイデア発想を行う必要はない。

本ケースでは，作業の煩雑さを防ぐという観点から，ロバストな領域はリスクネックゾーン以外と緩めに定義している。本ケースにおける有害機能体系図上のクリティカルパスとそこから中心に発想したアイデア発想例を図表8－7と図表8－8に示す。

(6) リスク発生リソースの把握：STEP 6

前ステップで発想したアイデアの実現可能性の有無を評価するために，「"リスク発生に役立つ"関連リソース＝危険リソース」として把握する。なお，危険リソースの中には，本来，企業経営の効率化に貢献する経営資源の4要素（人，物，金，情報）が入ってしまう場合もあり，本来は有益な経営資源も，状況次第によっては危険資源に変貌してしまうことに留意しなければならない。その中でもとくに人間が危険化してしまうケースが極めて多く，このようなことがヒューマンエラーを生み出す温床になっている。

本ステップでは，発想した各アイデアの実現に必要な条件を整理し，その条件にかかわるリソースの有無を評価して，最終的にそのアイデアの実現性を判断することになる。

各アイデアの実現性を判断するときには，「リソース1つのみの存在で発生するケース（リソースのOR関係）」と，「リソースの複数セットで発生するケース（リソースのAND関係）」のいずれのケー

第8章 IT系サービスのリスクマネジメント【ケース2】

図表8－7　本ケースの有害機能体系図とクリティカルパス

```
クリティカルパス ──→ ┌─ e-ラーニング ─┬─ Webサーバを          Webサーバ
                    │  システムを停止 │  ダウンさせる  ←──  (リスクネック
                    │  する          │                       ゾーンの1つ)
                    │                └─ コンテンツを
          ┌─ 顧客に不満 ─┤               改ざんする
          │  を与える    │
          │              │              ┌─ 不正プリペイド
最上位リスク │              ├─ e-ラーニング │  を利用する
(最終損失)  │              │  を混乱させる ┤
          │              │              └─ IDを不正利用 ─── ID・パスワー
企業の信頼度を┤              │                 する              ドを盗む
低下させる   │              │              ┌─ e-ラーニング ─── 外部からシステム
          │              └─ e-ラーニング ─┤  のじゃまをする    へ不法侵入する
          │                 の受講を止める │
          │                                └─ 貸出し機器を
          │ 顧客管理業務                      故障させる
          │ (リスクネック
          │  ゾーンの1つ)
          │              ┌─ 受講者の個人情 ─── 顧客管理をミス
          └─ 受講者の信頼 ─┤  報を盗む           させる           □：アイデア発想有害機能
             を失わせる
```

図表8－8　本ケースの有害機能別アイデア発想リスト

リスクネックゾーンにかかわる 有害機能	有害機能を達成するためのアイデア
Webサーバをダウンさせる	①電源を抜く ②DOS攻撃を仕掛ける ③停電を起こす ④放火する ⑤機器に大きな衝撃を与える ⑥サーバルームの温度を急激に上げる ⑦過電流を発生させる………
受講者の個人情報を盗む	①社員になりすまし，アクセスしてデータを盗む ②メディアにデータを容易に落とせるルールをつくる ③トロイ（感染ウイルス）を仕掛ける ④だれが入出しても目立たない部屋のデザインを演出する………
e-ラーニングシステムを 停止する	①認証を失敗させる ②ネットワーク機器をOffにする ③課金データを削除する………
コンテンツを改ざんする	①アップロードの失敗を誘発する ②ウイルスに感染させる………

スなのかを考慮したうえで判断することがポイントである。当然，リソースの OR 関係のほうがアイデアの実現可能性（すなわち不具合が現実になる可能性）は高くなる。

実現可能性が高いアイデアをリスク発生シナリオ作成の素材として

図表8－9　本ケースのリスク発生アイデア実現性評価表

アイデアリスト	実現必要条件	関連リソース	発生の可能性 高い	発生の可能性 中	発生の可能性 低い	発生の可能性 なし	アイデア実現性（発生確率）OR関係／AND関係を考慮する
有害機能：「WEB サーバをダウンさせる」							
電源を落とす	だれでもサーバに触ることが可能な環境	鍵の故障			○		Cレベル（不採用）
		鍵自体がない			○		
		………………		…			
DOS 攻撃を仕掛ける	ネットワークの侵入を許す	Firewall 機能が不十分			○		Bレベル
		Firewall の更新を忘れる		○			
	サーバシステムが脆弱である			○			
サーバルームの温度を急激に上げる	○℃以上の温度	換気扇の故障		○			Bレベル（採用）
		部屋の設計ミス			○		
		管理人の知識不足		○			
	○%以上の湿度	部屋の設計ミス			○		
		クーラーの故障など			○		
有害機能：「受講者の個人情報を盗む」							
データを外に持ち出す	持ち出しの制限や規則がない	データを記録したメディア	○				Bレベル（採用）
		アクセス制限がない社員のモラル		○			
社員になりすまして侵入する	社員管理があまい	写真照合がない			○		Cレベル（不採用）
		ID の携帯が不要			○		

Aレベル：発生確率高～中　　Bレベル：発生確率中～小
Cレベル：発生確率小　　Dレベル：発生確率極めて低い

採用する(図表8－9参照)。

(7) リスク発生シナリオの作成：STEP 7

前のステップで実現可能性が高いと判断して採用したアイデア（本ケースではBレベルまで）を論理矛盾がないように組み合わせを行い，リスク発生シナリオとして整理する（図表8－10参照）。

図表8－10 本ケースのリスク発生シナリオと対策案検討表

リスク発生シナリオその1		関連リソース(危険なリソース)	対策案	評価
最終的な損害・損失	損害・損失に至る想定されるプロセス			
ネットワークへの外部からの侵入を許してしまい，悪意あるDOS（サービスの拒否）攻撃を受け，サーバのリソースが埋まってしまい，e-ラーニングにアクセスが不能になる	Firewallの設定ミスあるいは最新版への更新を忘れてしまい，コンテンツサーバのセキュリティレベルも低かった（たとえばパッチなし，ソフトなし）ため，DOS攻撃を受けてしまった。	・サーバ ・Firewall ・不十分なセキュリティポリシー ・仕事に不慣れなメンテナンス作業員 ……	・Firewallの設定を定期的に見直す	○
			・サーバに定期的にパッチをあてる	○
			・ウイルス対策ソフトの定期的な更新を行う	○
			・メンテナンス作業員のOJT教育の強化…	○
リスク発生シナリオその2		関連リソース(危険なリソース)	対策案	評価
最終的な損害・損失	損害損失に至る想定されるプロセス			
ユーザーの個人情報データにアクセス制限がかかっておらず，外部にデータを持ち出され，他者の手にデータが渡り，お客様に迷惑をかけ，著しく社会的信用を失う	社内のデータの扱いにおいて制限が実質的にかかっていないので，社員がデータ情報をメディアや紙に移した。その媒体を社員の不注意で社外に放置してしまったために，その情報が漏洩してしまった。	・社員のモラル ・ユーザーの個人情報 ・媒体 ・アクセス権限にかかわる規定	・社員に対してデータ取り扱いの心得集を作成	○
			・データの持出し制限を明確にする	○
			・データアクセス権の設定を徹底する………	○

(8) リスク回避対策案の作成：STEP 8

リスク発生内容に対して，それを回避する対策アイデアを検討し，その対策アイデアの評価（技術的可能性，経済的評価など）を行って，問題がなければ採用する（図表8－10参照）。

採用した後は，この一連のステップを実施することで身についたであろう「リスクに対する感受性」をメンバー同士で共有化し，必ず検討した対策案を遵守していくことが大切である。

なお，対策案検討の観点としては「対象システムから危険なリソースの削除」，「リスクネックゾーンへの危険なリソースの進入防止」，「対象システム内の危険なリソースの安全値への低減」，「対象システム内で危険なリソースの孤立化」などが考えられる。

4．まとめ

STEP 6 でも触れたように，人間は仕事の遂行上の意思決定者として，企業活動の中で常に重要な役回りが与えられているが，時としてリスクを引き起こす危険なリソースと化し，ヒューマンエラーを引き起こしてしまうこともある。したがって，本手法（逆転発想アプローチ）の実践を通して，リスクに対する感受性を高めながら，社員一人ひとりが意思決定者として，どんな場面に遭遇しても決して危険なリソース化しない"ロバスト（頑強）な存在になる"ことを心がけなければならない。そのためには逆に，人間は完璧ではないということを大前提に自分自身を戒める習慣を身につけることが肝要である。これはいかなる仕事でも共通である。

一方で，本手法は従来のリスク管理手法（KYTやKYKなど）では十分にカバーしきれなかった「新手のリスクに対する対策案の検討能

力」や「リスクに対する感受性感覚」を向上させるのに十分効果的であることがケース事例を通してご理解いただけたことと思う。

したがって，今後は，前述したとおり，人間は完璧ではないということを大前提に自分自身を戒める習慣を身につけつつ，逆転発想アプローチの実施を通して，IT系の新手リスクに対処していけるロバスト（頑強）な意思決定者として成長していくことが重要である。

第9章 業務オペレーションの リスクマネジメント
◎ケース3◎

1. 業務オペレーションのリスクマネジメントに有効な逆転発想アプローチ

　最近の事故・不祥事（とくに第1章第2節第1項参照）を振り返ってみると，業務オペレーションに絡む不祥事が多い。「この間，鉄道会社でスピードの出し過ぎによる脱線事故が発生したかと思ったら，今度は航空会社で整備上のミスによる部品欠落問題が起こるし…」といった具合である。

　この背景には日常の仕事の忙しさやあるいは気の緩みによる注意力の欠落など，さまざまな要因が考えられるであろう。この辺の内容はヒューマンエラーに関する課題でもあるので，もう一度第5章の内容を確認してほしい。

　いずれにしても，機械・設備側の安全対策は100％万全とは言い切れないので，機械側に人間が常に頼り切るのは考えものなのである。つまり，どんなに機械・設備側の安全設計が進んでも，最後には"ヒューマン（人間）"の対応が問われることになるということを忘れてはならない。そのためには，業務に携わっている従業員人一人ひとりが，日常的にリスクに対する感受性を高めていく努力以外にはな

いのである。

そこで，ヒューマンの"リスクに対する気づきを高める訓練"として，本手法（逆転発想アプローチ）を活用することをお勧めしたい。とくに，業務オペレーションのように，身近に迫ったリスクによって将来どの程度の損害・損失が発生するか定量的（金額的）に把握することが困難な場合は，なおさら本手法の活用は有効であると考える。

2．逆転発想アプローチによる業務オペレーションのリスクマネジメント事例

2004年，東京の六本木ヒルズの自動回転ドアに男児が挟まれて死亡するという痛ましい事故が発生した。同ビルの回転ドアでは，この事故発生に至るまでに32件の事故が発生していた（第4章図表4－6参照）と後に報道されている。この事故ではビル管理会社とドアメーカーの双方が責任を問われている。

このように自動回転ドアをはじめ，エレベータやエスカレータなどのビル内設備などは，製造したメーカーだけでなく，それを運営管理している側もその管理責任が問われることが多々ある。

とくに幼い子供を連れた通行人の場合，子供がけがをした場合などは，昔ならばどちらかというと保護者の責任が問われるケースが多かったと思うが，最近はそうとは言い切れず，メーカーの製造責任や運営会社の管理責任が問われるケースも多い。このような社会環境の変化もあり，今回の事故は，自動回転ドアを運営管理している会社もその責任が問われるに至ったのである。

そこで，本ケースでは「あるビル管理会社の自動回転ドアの点検業務」に本手法（逆転発想アプローチ）を活用し，リスクマネジメント

を実践した事例を紹介するものである。

(1) 対象システムの設定：STEP1
〜Aビル管理会社の自動回転ドアの点検業務〜

このケースでは「対象テーマに関する情報収集シート」は活用せずに，自動回転ドアに関する一般的な情報を収集している。この資料（図表9－1参照）をまとめてみると，自動回転ドアの事故は設置台数の増加に伴い年々増加する傾向がある。また，被害者の過半数が10歳未満の子供と70歳以上の高齢者ということも判明している。

図表9－1　自動回転ドアに関する情報収集の例

- 使用用途：ビルの玄関に設置
- 回転ドア：全国294カ所（466基）…2004.4.1現在
- 回転ドアの特徴：外と中を完全にシャットアウトできる

回転ドアの利点	回転ドアの欠点
1．冷暖房を常時確保できる（空気が逃げない）	1．人間が回転のスピード（機械）に合わせなければならないので，タイミングが難しい。（縄跳びに入ったり，エスカレータに乗るのが不得意な人など…）
2．強風（高層ビルの玄関前のビル風など）を防止できる	2．通常の開閉式自動ドアに比較すると値段が高い
3．外部からの異物（埃，臭い，騒音など）侵入を防止できる	3．開閉式自動ドアに比較するとメンテナンスに手間がかかる
4．溝や段差などが特にない	
5．スタイルや見栄えが一般的によい	

（被害状況）
200X年の大型自動回転ドアの事故発生件数　58件
過去の年齢別大型自動回転ドアの事故（重傷，軽傷，けがなし，病状不明含む）
1－9歳：98件，10－29歳：19件，30－49歳：14件，50－69歳：14件　70歳以上：34件

出典：「自動回転ドアの事故防止対策についての報告書」（自動回転ドア事故防止対策に関する検討会）

第9章　業務オペレーションのリスクマネジメント【ケース3】　169

図表9－2　自動回転ドアのイメージ図

【状況】
・オフィスビルで使用されている
・自動回転ドアは歩道に面している

対象システム：自動回転ドア

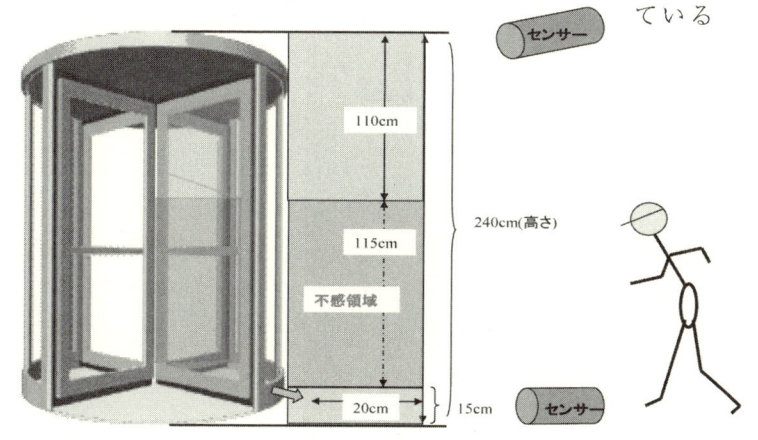

(センサー)
110cm
115cm
不感領域
240cm(高さ)
20cm　15cm
(センサー)

図表9－2にA社ビルの自動回転ドアのイメージ図を示す。

(2)　リスク（不具合）状況の整理：STEP 2

対象システムである「自動回転ドア」に発生するかもしれない想定リスクの状況を図表9－3のように整理する。この作業は，原則的には通常の原因追究型アプローチと同じである。

(3)　有害機能の体系化：STEP 3

前ステップで作成した「対象システムのリスク状況整理表」（図表9－3参照）をもとに「最終的な損害・損失＝最上位有害機能」と位置づけ，さらに「損害・損失をもたらす原因系要因＝各々の有害機能」と解釈して，「機能分析アプローチの論理」によって「有害機能の体系化」を行う。

図表9－3　本ケースのリスク状況整理表

最終的な損害・損失 （最終的な悪い結果）	損失をもたらす原因系要因
通行人が回転ドアで死亡する	①回転ドアに挟まれる ②巻き込まれ ③転倒 ④衝突 ⑤柱に接触 ⑥進入タイミングのずれ …………
回転ドアのガラスの破損で手や顔をけがする	①強い衝撃 ②無理に入った人同士の衝突 ③荷物の衝突 ④荷物の挟まり ⑤転倒 ……
多くの通行人が狭いドア内に閉じ込められてパニック状態になる	①停電が起こる ②センサーの故障 …………
…………	…………

　具体的には，各原因系要因を「名詞＋他動詞（～を～する／～を～させる）」の機能表現に修正してから，「目的－手段」の論理で有害機能の体系づけを行う。

　しかし，本ケースの場合は，詳細な体系図ではなく簡易アプローチで行っている。

　したがって，簡易アプローチの場合は，損失をもたらす原因系要因の主な項目（頻度が高い項目など）のみを有害機能表現に変更し，その後で目的追求質問"それは何のためか？"を繰り返し，上位の有害機能を大きな目的1つに集約させて簡易版シート上の行方向（この形式では左から右方向）だけ視野に入れて記述する方式になっている。

　「本ケースの有害機能体系図（簡易版）」を図表9－4に示す。

図表9−4　本ケースの有害機能体系図（簡易版）

損害・損失をもたらす原因系要因	（名詞＋動詞）有害機能の定義	有害機能の上位追求：『何のために？』3〜（MAX 5回）上位追求		
停電	ドア駆動の電気を止める	ドアを停止させる	通行人を閉じ込める	パニック状態（精神不安定状態）にする
センサー故障	センサーの感度を下げる	回転ドアを止まらなくする	通行人を回転ドアに挟ませる	通行人を死傷させる
異物（車や物）等の衝突	ドアに異物を衝突させる	ドアに衝撃を与える	ドアを破損させる	ガラスで通行人に損傷を与える
転倒				
○○○○				

(4) リスクネックゾーンの把握：STEP 4

本ケースでのリスクネックゾーンは，センサーの不感知領域ということにした。センサーの不感知領域を広くしすぎると，小さな子供が突発的に進入してきた場合，体がすっぽり隠れてしまい，人の存在をセンサーが感知できなくなるおそれがあるからである。

(5) リスク発生アイデアの創造：STEP 5

リスクネックゾーンの不感知領域に関連の深い有害機能を確認してから，その有害機能をもとに最終損害・損失（最上位有害機能）に直結する「一連の有害機能系列」からアイデアを発想する。本ケースでは，簡易版の有害機能体系図でアイデア発想を行っているので，ある程度有害機能も集約されていることから，リスクネックゾーンに直接

かかわらない有害機能でも可能な限りアイデア発想を行うとよい。

なお,アイデア発想例は図表9－5,図表9－6に示すとおりである。

図表9－5　有害機能体系図（簡易版）とアイデア発想

損害・損失をもたらす 原因系要因	（名詞＋動詞） 有害機能の定義	有害機能の上位追求：『何のために？』 3～（MAX 5回）上位追求		
停電	ドア駆動の電気を止める	ドアを停止させる	通行人を閉じ込める	パニック状態（精神不安定状態）にする
センサー故障	センサーの感度を下げる	回転ドアを止まらなくする	通行人を回転ドアに挟ませる	通行人を死傷させる
異物（車や物）等の衝突	ドアに異物を衝突させる	ドアに衝撃を与える	ドアを破損させる	ガラスで通行人に損傷を与える
転倒				
○○○○				

1.
2.
3.
アイデアリスト

センサーの不感領域
（リスクネックゾーンの1つ）

1.
2.
3.
アイデアリスト

(6)　リスク発生リソースの把握：STEP 6

本ステップは,前ステップで発想したアイデアの実現可能性を評価するのが目的である。そのために,個々のアイデアの集約アイデアを「リスク発生アイデア実現性評価表」（図表9－7参照）のアイデアリスト欄に記入している。その後,そのアイデアの実現必要条件とそ

図表9-6 本ケースの有害機能別アイデア発想リスト

リスクネックゾーンにかかわる有害機能	有害機能を達成するためのアイデア
センサーの感度を下げる	①感知領域の設定を弱くする ②対象物を感知する角度を変える ③感知するセンサー口にほこりをつける，濡らす，くもらせる ④感知後に完全に止まるまで惰性でドアが回転するスピードにする
通行人を回転ドアに挟ませる	①ドアの回転スピードを速くする ②センサーを働かなくする ③隙間を大きくする ④ドアの回転スピードを不規則にする ……
人を転倒させる	①床を滑りやすくする ②…… ……

図表9-7 本ケースに関するリスク発生アイデア実現性評価表

アイデアリスト	実現必要条件	関連リソース	発生の可能性 高い	発生の可能性 中	発生の可能性 低い	発生の可能性 なし	アイデア実現性（発生確率）OR関係／AND関係を考慮する
有害機能：「通行人を回転ドアに挟ませる」							
（アイデアリスト1）ドアと床・壁等の隙間を広くする	ドアとの隙間が設計ミス等で生じる	規格外のドア			○		Cレベル（不採用）
		ドアの取替えミス（人間の判断ミス）			○		
センサー機能を低下させる	俯瞰領域が広くなる	ドアセンサーの設定ミス		○			Bレベル（採用）
		設定調整ミス（作為的行為含め：悪い人間）			○		
	…	…			○		
有害機能：「通行人を衝突させる」							
（アイデアリスト2）○○……					○		Bレベル（採用）
					○		
○○……		・……				○	Cレベル

Aレベル：発生確率　高～中　　Bレベル：発生確率　中～小
Cレベル：発生確率　小　　　　Dレベル：発生確率　極めて低い

れに対応する関連リソース（危険なリソース）を記述してから各集約アイデアの実現可能性を評価している。

作業方法は，基本的に第7章，第8章の事例と同じである。

(7) リスク発生シナリオの作成：STEP 7

前ステップでB評価以上になったアイデアを採用して，リスク発生シナリオの"素材"として活用し，論理矛盾がないようにリスク発生シナリオ（図表9－8参照）に反映させる。

なお，リスク発生シナリオは，「損害・損失に至る想定されるプロ

図表9－8　本ケースのリスク発生シナリオと対策案検討表（一部）

リスク発生シナリオ＜その1＞		関連リソース	対策案	評価
最終的な損失	損失に至る想定されるプロセス			
回転ドアの入り口でドアと壁の間に挟みこまれけが，あるいは，応急処置が遅れれば最悪の場合死亡に至る	回転ドアの設定において，速い回転設定にしたのと，あまり感度がよすぎるとセンサーが頻繁に止まる恐れがあったので，従業員の1人が無断でセンサーの不感知領域を必要以上に広く設定したために，進入しづらいうえにドアと壁の間に挟まった	・回転スピード ・側面の壁 ・床 ・回転 ・通行人 ・センサー設定 人のモラル	・ドアおよびセンサーの設定について十分に周知設定し従業員の危機意識を高める	○
			・設定の変更があった場合は自動に直属の上司等に連絡が入る（E-メール等）システムを開発・導入する	○
			・………	○
リスク発生シナリオ＜その2＞		関連リソース	対策案	評価
最終的な損失	損失に至る想定されるプロセス			
		・………	・ ・	○ △（一部調査）
			・………	

セス」と「最終的な損害・損失」が対になっており，論理的なつながりが明確になっている必要がある。

(8) リスク回避対策案の作成：STEP 8

リスク発生シナリオの内容が現実化しないように，リスクを回避するための対策アイデアを検討し，その対策アイデアの評価（技術的可能性，経済的評価など）を行って，問題がなければ採用する（**図表9－8参照**）。ここで留意する点は，リスク発生シナリオを吟味して，改めて関連リソース（危険なリソース）に漏れがないかをチェックすることである。

なお，この一連の作業が「リスクに対する感受性」を向上させるうえで効果的な作業になっている。

このケースでは，自動回転ドアのリスクを洗い出し，「ドアおよびセンサーの設定について十分に周知徹底し，従業員の危機意識を高める」，「設定の変更があった場合は，自動的に直属の上司に連絡が入る（Eメールなど）システムを開発・導入する」という対策案が導かれている。

しかし，対策は立てればそれでよいというわけではない。実際にこれらの対策案を実現化させるためには，まだ努力が必要である。

たとえば，最初の対策案を実現化するためには，定期的な業務オペレーションに関連する定期的な勉強会や研修の機会をつくるといった取組みが必要になるだろうし，2番目の対策案を実現化するには，上位層の意思決定とある程度の投資が必要になる。そのような状況時に上位層を論理的に説得する材料として，今回作成した逆転発想アプローチの資料は有効活用できるだろう。

3．業務オペレーションに関するリスクマネジメント演習問題～情報漏えい防止

　貴社の職場の業務オペレーションは万全であろうか？　前節で紹介したケースを参考にして，自社の業務オペレーションのリスクを改めて洗い出し，対策を立てる訓練をしてみてはいかがであろうか？　このような訓練は，本手法（逆転発想アプローチ）を体得（"Learn By Doing" ともいう）するには最も効果的な手段だろうと筆者は考えている。

　もし，自社内のテーマがなかなか決定できない場合は，とりあえず筆者が準備した以下の「情報漏えい問題」に取り組んでみていただきたい。このテーマは，最近話題になることも多い企業の業務オペレーション上の典型的な不祥事の事例なので，どの企業にとっても他人事とはいえない重要なテーマと思われる。

　次ページに示す図は，情報漏えいテーマの概要を説明したシナリオと会社の見取図である。さらに，ステップごとのシートも掲載しているので，このシートを参考にして演習作業を実施してもらいたい。本演習の実際の作業は，STEP 2 からということでよい。

●STEP 1：対象システムの設定

※今回は次ページの演習ケースを扱う。

第9章　業務オペレーションのリスクマネジメント【ケース3】　177

演習ケース例〜職場からの情報漏洩はどうやって防ぐ？

　〇〇業界のＡ社で、△△管理課に所属して、□□部内（たとえば営業部内）の個人情報管理の責任を任されている岩沢主任は、今までこれといった問題もなく、部内メンバーの個人情報に対する意識は世間並み以上だろうと内心では自負していた。
　しかし、それは単なる油断だったのか…。ある日、沓掛□□部長から『情報管理の関係で困ったことがある。会議室に来てくれないか』と声をかけられた。

沓掛□□部長：	岩沢くん、忙しいところ悪いね。実は、当社のお客様であるＢさんの個人情報が外部（たとえば、マスコミやセールス関係者など）に流出しているようなんだよ
岩沢主任：	え〜、あのＢさんですか？　彼はうちのお得意様Ｃ社の社員ですよね、まさか…。当社がお預かりしている情報が流出したということですか？
沓掛□□部長：	いや、必ずしもそういうことではないんだが…。ただ、彼以外にもＣ社関係の別の社員に、同じような電話でのセールスが同時にかかってきたようなので、先方では取引先のわが社から個人情報が漏れているのではとの噂が出ているらしいんだ…。
岩沢主任：	そっ、そうですか。当社からの情報流出ということではないと思いますが…。　Ｃ社は大手ですから、当社以外にも多くの取引先があるでしょうから…。
沓掛□□部長：	もちろん、私もそう信じているがね。この件に関しては、先方の信頼を損なうことがないよう、私のほうで迅速に対応しよう。君にお願いしたいのは、これを機に□□部内の機密情報管理について今一度確認し、そのリスク対策を検討してほしいということなんだよ。
岩沢主任：	承知いたしました。ネット上の境界セキュリティ対策などは、情報管理部にしっかり対応してもらうとして、□□部内の日常的な機密情報の管理リスクについては、私のほうで検討することにします！
沓掛□□部長：	助かるよ、岩沢くん。個人情報に限らず、□□部門には重要な機密情報が多くあるから、しっかり頼むよ。

あなたの職場の□□部門の機密漏えいへの対策を岩沢主任の立場になって検討してください。

【オフィス間取り例】

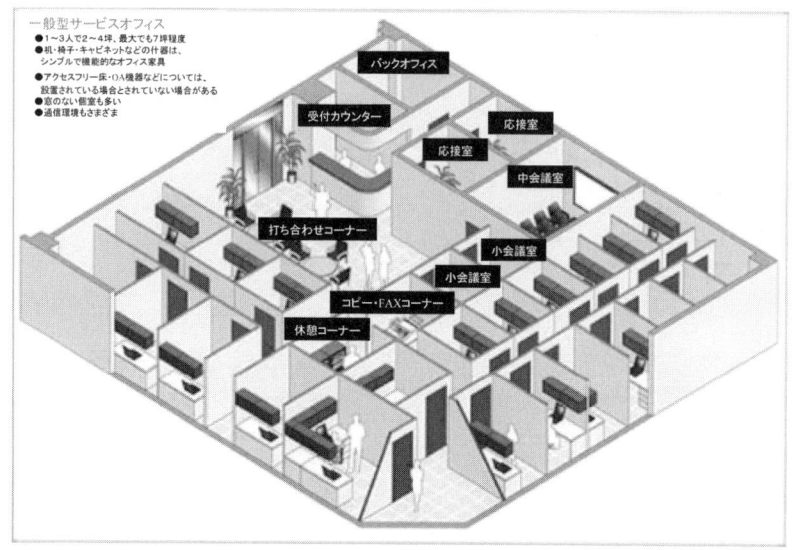

一般型サービスオフィス
- 1〜3人で2〜4坪、最大でも7坪程度
- 机・椅子・キャビネットなどの什器は、シンプルで機能的なオフィス家具
- アクセスフリー床・OA機器などについては、設置されている場合とされていない場合がある
- 窓のない個室も多い
- 通信環境もさまざま

バックオフィス
受付カウンター
応接室
応接室
中会議室
打ち合わせコーナー
小会議室
小会議室
コピー・FAXコーナー
休憩コーナー

出所：http://www.ro-net.jp/knowhow_1.html

●STEP 2：リスク（不具合）状況の整理

最終的な損害・損失 （最終的な悪い結果）	損失をもたらす原因系要因

第9章 業務オペレーションのリスクマネジメント【ケース3】

●STEP 3：有害機能の体系化（簡易版）

損害・損失をもたらす原因系要因	（名詞＋動詞）有害機能の定義	有害機能の上位追求：『何のために？』上位追求			

●STEP 4：リスクネックゾーンの把握

※オフィス間取り図上にリスクネックゾーンがあれば，しるし等をつけておくとよい。

●STEP 5：リスク発生アイデアの発想

リスクネックゾーンにかかわる 有害機能	有害機能を達成するためのアイデア

●STEP 6：リスク発生リソースの把握

| アイデア
リスト | 実現必要条件 | 関連リソース | 発生の可能性 ||| アイデア実現
性（発生確率）
OR関係／
AND関係を
考慮する |
			高い	中	低い	なし	
	有害機能：「　　　　　　　　　　　　　　　　」						
	…						
	有害機能：「　　　　　　　　　　　　　　　　」						

Aレベル：発生確率　高〜中　　Bレベル：発生確率　中〜小
Cレベル：発生確率　小　　Dレベル；発生確率　極めて低い

第9章 業務オペレーションのリスクマネジメント【ケース3】

● STEP 7：リスク発生シナリオの作成
● STEP 8：リスク対策案の作成

リスク発生シナリオ＜その1＞		関連リソース	対策案	評価
最終的な損失	損失に至る想定されるプロセス			
リスク発生シナリオ＜その2＞		関連リソース	対策案	評価
最終的な損失	損失に至る想定されるプロセス			

第10章 逆転発想アプローチの有効性
～アンケート調査を通して～

1．逆転発想による創造的リスクマネジメントに関するアンケート調査結果

　筆者は，本手法を開発した2003年度に，初めて本手法を紹介するセミナーを開催したが，そのときの受講者58名に対して実施したアンケート結果について，最後に紹介しよう。

図表10－1　回答者の職務内容

職務内容	人数	割合
研究	1名	2％
企画	5名	9％
開発設計	4名	7％
生産技術	5名	9％
製造	4名	7％
資材購買	0名	0％
原価経理	0名	0％
営業	1名	2％
総務人事	14名	24％
教育研修	9名	16％
安全保持	9名	16％
試作実験	0名	0％
その他（　　　）	13名	22％

(1) 回答者の職務内容について

◎回答者内訳を大きく分類すると，技術系約35％，総務人事系約24％，教育担当約16％，安全管理約16％，その他22％となっている。（合計が65名となっているのは，一部の回答者が複数回答をしていることによる。）

(2) リスク管理（安全管理を含む）において今まで活用してきた手法について

図表10－2　リスク管理に今まで活用してきた手法の内訳

手法	人数	割合
特になし	14名	24％
安全管理教育一般	38名	66％
FTA（故障の木分析）	5名	9％
FMEA	4名	7％
ERM（全社的リスクマネジメント）	2名	3％
その他（　　　　　　）	2名	3％

◎回答者内訳を大きく分類すると，「安全管理教育一般」が約66％で最も多く，その次は「特になし」が約24％になっている。

(3) 逆転発想思考によるリスク対策（逆転発想機能分析アプローチ）の有効性について

図表10－3　逆転発想思考によるリスク対策の有効性の程度

有効性	人数	割合
非常に役立つと思う	2名	3％
役立つと思う	41名	71％
少し役立つと思う	14名	24％
あまり役に立たない	0名	0％
まったく役に立たない	0名	0％

◎本手法の逆転発想という思考を肯定的に受け止めている回答者（"少し役立つと思う"以上）が約98％もおり，積極的に有効と判断している回答者（"役立つと思う"以上）に絞っても約74％に達していることがわかる。

(4) 逆転発想思考によるリスク対策の施行経験について

図表10－4　逆転発想思考によるリスク対策の施行経験の有無

経験頻度	人数	割合
頻繁にある	0名	0％
結構ある	1名	2％
たまにある	9名	16％
ほとんどない	18名	31％
まったくない	28名	48％

◎逆転発想によるリスク対策という思考法に対して，今まで実施してきたという回答者は非常に少なく（約2％程度），大半の回答者（約80％程度）は未経験の思考法として認識しており，本手法に対して新鮮な印象を抱いていることが容易に想像できる。

　本アンケート調査から，"逆転発想アプローチによる創造的リスクマネジメント"は非常にユニークであり，逆転発想という思考法自体未経験という人が大半であることが判明した。しかし，その一方で，本手法の考え方が役立つと答えている受講者がほとんどであることを考えると，本手法に対する期待値が高いことも明らかである。
　今後は，ぜひ本手法を実務の中で生かしていってほしいと願っている。

2．従来の安全管理教育と本手法に基づいた教育の比較

以下に示す**図表10－5**は，従来の安全管理教育と対比させたかたちで本手法をまとめたものである。この表を見れば，安全管理教育に本手法を適用すれば今までにはないユニークな安全管理教育が展開できることが理解できるであろう。関係者は，ぜひ本手法を安全管理教育に展開する可能性も探ってほしいものである。

3．まとめ

本手法を効率よく学習してもらうために，筆者は2日間の研修プログラムも開発した。この研修プログラムの概要は**図表10－6**に示すとおりである。

なお，本研修は筆者が勤務している産業能率大学で年に数回開催しているが，各企業で開催することも可能である。また，本手法を活用した適用分野は，事例紹介でもわかるように大抵のリスクマネジメント分野で有効なので，業界等は問わない内容になっている。

最後に，本手法の有効性をビジュアル的にまとめた体系図（**図表10－7参照**）および本手法の特徴（**図表10－8参照**）を以下に示して筆をおくことにする。

図表10-5　従来の安全管理教育との対比における本手法による安全管理教育の特徴

項目	一般の安全管理教育	逆転発想による研修の特徴
ねらい	リスクを知って事前に対策をとる （通常の安全研修では，どんなときに，どんなところで，どうすると，事故につながるか。どんなところに失敗の可能性があるかを，過去の事故の例を教訓として教える）	リスクを発見して事前に対策をとる （どのような要件が揃えば，どのような事故を起こすことができるかという考え方を訓練する。これによって，一見リスクのないような状況の中にでも，危険の源，失敗の原因を発見できるモノの見方を育て，従来起こったことのない事故も含めて，リスクが顕在化するより前に対策をとることを可能にする）
研修の重点	安全知識の伝達	リスクの見つけ方の訓練 （知識の伝達よりも，リスクとの付き合い方の知恵に重点が置かれている）
使用する知識ベース	過去の事故，失敗の例	同左＋現象を生じさせる方法 （従来起こったことのない事故の可能性を発見するためには，過去の事故の例に学ぶだけでは不十分だという考え方）
リスクに対する着眼点	事故や失敗はどのようにして起こるか 従来の安全管理教育ではない側面 （盲点）	どうすれば現象を発生させられるか （単なる知識の伝達よりも，事故をどのようにすれば起こすことができるのか，創造的に考えることのほうが興味深い。そのような創造思考によって自ら発見した事故発生メカニズムは，いつまでも記憶に残り，他人から聞いた事故の知識よりもしっかりと意識に刻み込まれる）
対策の要点	意識改革	リスク・センシティブ・センス（リスクに対する感受性感覚） （合理的な思考でプロセスを通じて高めていく）

図表10-6　本手法による研修プログラム例

	9:00　　　　　　　　　　　12:00	13:00　　　　　　　　　　　17:00
第1日目	1．オリエンテーション 2．企業経営とリスクマネジメントの必要性 ・リスクの定義と企業が直面するリスク ・CSR（企業社会責任）経営とリスクマネジメント （講義） 3．安全管理上のリスクマネジメント ・安全管理にかかわるリスクマネジメント ・現場で求められるリスク管理 （講義） 4．逆転発想アプローチによるリスク対策 ・リスクマネジメントに有効なリスク感受性の向上 ・Sカーブから見たリスク感受性向上の必要時期 （講義）	5．逆転発想アプローチによる演習 【逆転発想思考アプローチのプロセス】 ①ステップ1：対象システムの設定と把握 ・検討対象システムの状態把握 ②ステップ2：リスク（不具合）状況の整理 ・発生可能性の想定リスクの状況を整理 ③ステップ3：有害機能系統図の作成 ・各リスク内容を論理的に有害機能の体系化を図る （講義と演習）
第2日目	④ステップ4：対象システムのリスクネックゾーンの把握 ・対象システムのリスクに対しての弱い領域を明確化する ⑤ステップ5：有害機能達成のアイデア発想 ・負の思考で故意に事故を発生する方法の検討を行い、アイデア発想を行う ⑥ステップ6：リスク発生に必要なリソースの把握 ・事故の実現に有効なリスクのリソースの把握を行い、発生可能性の高いリスクや事故を認識する （講義と演習）	⑦ステップ7：リスク発生シナリオの作成 ・事故の実現可能性の高いシナリオ（リスク発生シナリオ）を作成する ⑧ステップ8：リスク回避対策案の作成 ・リスク発生シナリオを反転させリスク防止案（対策案）にまとめ、評価する。 （講義と演習） 6．演習の発表 ・演習取組みへの発表 7．まとめとQ&A ・逆転発想によるリスクマネジメントのプロセスと考え方の確認

図表10－7　逆転発想アプローチの特徴

"逆転発想アプローチ"は、損害・損失の原因を直接究明するのではなく、身の回りにある"モノ"や"環境"などの資源を使って、創造的な思考で確実に損害や損失を発生させることを創造し、その結果を予防や対策案に役立てようとするユニークな手法である

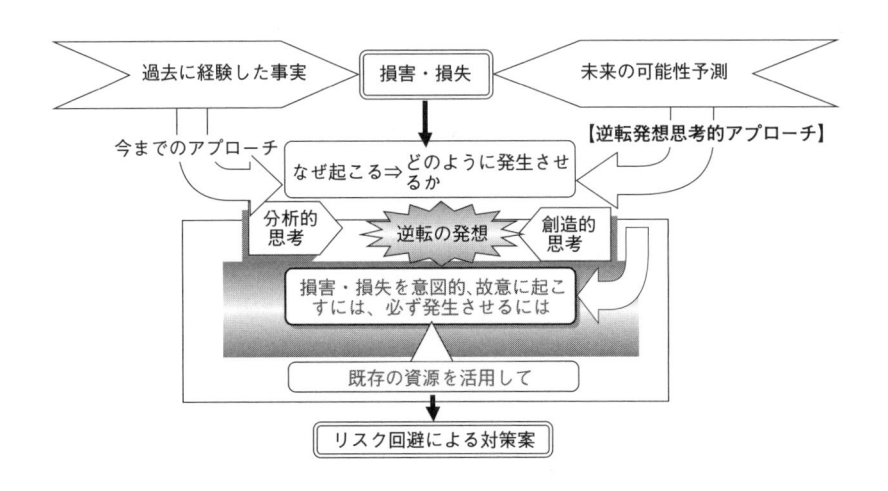

```
過去に経験した事実 → 損害・損失 ← 未来の可能性予測
今までのアプローチ              【逆転発想思考的アプローチ】
          なぜ起こる⇒どのように発生させるか
      分析的思考   逆転の発想   創造的思考
          損害・損失を意図的、故意に起こすには、必ず発生させるには
              既存の資源を活用して
              リスク回避による対策案
```

図表10－8　逆転発想アプローチの特徴（キーワード）

1．"逆転の発想"で損害や損失を意図的に発生させる方法を考える。
2．"逆転の発想"によって，創造的に損害や損失の可能性を検討する。
3．創造思考で創出した確実に起こせる創造的な損害のシナリオから対策案を検討する。

■著者紹介

澤口　学（さわぐち　まなぶ）

1982年　慶応義塾大学工学部数理工学科卒業
1985年　(学)産業能率大学　VM（バリューマネジメント）センター研究員
　　　　として入職
1996～1997年　JAIMS（米国）ICMP 修了　この間，University of Michigan
　　　　（米国）IOE の短期訪問研究員
2005年　早稲田大学大学院理工学研究科修了　工学博士
現在　（学)産業能率大学総合研究所教授　兼経営管理研究所主幹研究員
　　　早稲田大学大学院理工学研究科非常勤講師

（主な著書）
『VE による製品開発活動20のステップ』『VE と TRIZ』『建設プロジェクトのコストマネジメント（共著）』(同友館)，『テクノロジー・マーケティング（共著）』(産能大学出版部)「Creative Risk Management Based or Reverse Thinking Helping with 'Innovation'」(TRIZCON2007，米国，ルイビル) など，その他発表論文多数

2007年7月20日　第1刷発行

逆転発想による創造的リスクマネジメント

　　　　　　　　　　　　　Ⓒ著　者　澤　口　　　　学
　　　　　　　　　　　　　　発行者　脇　坂　康　弘

発行所　株式会社　同友館

東京都文京区本郷 6-16-2
郵便番号　113-0033
電話　03(3813)3966
FAX　03(3818)2774
http://www.doyukan.co.jp/

落丁・乱丁本はお取替え致します。　　藤原印刷／東京美術紙工
ISBN978-4-496-04316-1　　　　　　　　　　Printed in Japan

本書の内容を無断で複写・複製（コピー），引用することは，特定の場合を除き，著作者・出版社の権利侵害となります。